WALTER E. BUTLER

HELLSEHEN

SPHINX POCKET 15

WALTER E. BUTLER

HELLSEHEN

DER WEG ZUR AUSSERSINNLICHEN WAHRNEHMUNG

SPHINX VERLAG BASEL

Aus dem Englischen
von Ulrike Dimpl

CIP-Kurztitelaufnahme der Deutschen Bibliothek

Butler, Walter E.:
Hellsehen: d. Weg z. aussersinnl.
Wahrnehmung / Walter E. Butler. [Aus d. Engl. von
Ulrike Dimpl]. – Basel: Sphinx-Verlag, 1982. –
(Sphinx pocket; 15)
Einheitssacht.: How to develop clairvoyance ‹dt.›
ISBN 3-85914-315-8
NE: GT

1985
2. Auflage

Originaltitel: How To Develop
Clairvoyance
The Aquarian Press
Wellingborough, England
Umschlagbild: Graham Lester
Gestaltung: Charles Huguenin
Satz: Ebner Ulm
Printed in Germany
ISBN 3-85914-315-8

Inhalt

Vorwort

Auf die Bitte meines Verlegers hin, füge ich der überarbeiteten Neuauflage meines Buches über Hellsehen ein Vorwort und einiges ergänzendes Material hinzu.

Was als «okkulte Explosion» bekannt wurde – das plötzliche weltweite Interesse für esoterische Dinge – hängt damit zusammen, dass sich viele Leute entschlossen, sich der Entwicklung ihrer eigenen psychischen Fähigkeiten zu widmen. Da die menschliche Natur aber nun einmal so ist wie sie ist, und nicht so, wie wir es gerne hätten, stürzten sich viele auf etwas, «womit zu beschäftigen sich selbst Engel fürchten». Und weil die okkulte Wissenschaft nicht mehr vor Fehlern schützt als andere Wissenschaften, wurde auch hier von einigen, die mit wenig Wissen auf diesem Feld experimentierten, Fehler gemacht, die zum Teil gefährliche Folgen hatten.

Daraufhin begannen so manche panisch vor dem «Herumdilettieren mit dem Spiritualismus und dem Okkultismus» zu warnen. Wie so oft kam dieser Vorwurf von Leuten, die eine geringe Kenntnis der Sache selbst hatten. Verständlicherweise stösst diese unbegründete Abwehr auf den Widerstand derer, die ernsthaft auf diesen Gebieten arbeiten. Gleichzeitig muss aber bedacht werden, dass ein Tandeln in jedem Bereich – ausgenommen Bingo und Domino – zu Schwierigkeiten führen kann. Die Dilettanten machen aber nur einen geringen Anteil derer aus, die sich mit spirituellen und okkulten Dingen beschäftigen. Das Beste, was wir für diese «Amateure des Unterbewussten» tun können, ist, ihnen die richtigen Methoden zu zeigen. Dadurch können wir ihnen helfen, von unkundigen und dummen Experimenten abzulassen.

Entgegen aller Vorwürfe seiner Feinde, unterstützt wahrer Okkultismus *kein* dummes und unwissendes Experimentieren. Okkultismus ist innerhalb seiner eigenen Grenzen eine wirkliche Wissenschaft und hat wie jede andere Wissenschaft eigene Gesetze und Methoden. Das vorliegende Buch ist innerhalb dieses Zusammenhangs geschrieben worden. Trotzdem: «Des vielen Büchermachens gibt's kein Ende», und es gibt sehr verschiedene Bücher zu demselben Thema. Nach welchen Kriterien aber wählt dann ein Neuling unter ihnen aus? Meiner eigenen Überzeugung nach sollte man Büchern nie unkritisch begegnen. Eine gesunde Skepsis ist dem blinden Akzeptieren gegenüber Behauptungen aus irgendwelchen Büchern unbedingt vorzuziehen – das gilt auch für dieses Buch.

Daneben gibt es aber auch eine *pathologische* Skepsis, die weit über jedes vernünftige Mass hinausgeht. Der Leser sollte bereit sein, seine Meinung zu ändern, nämlich dann, wenn er etwas liest, was ihm einleuchtet. Für niemanden ist es einfach, lebenslange Vorstellungen zu verändern; dieser Prozess kann schmerzhaft sein. Trotz alledem gibt es viele Menschen, die aus dem einen oder anderen Grund nach neuen Einsichten in das Leben suchen; sie mögen vielleicht geneigt sein, mehr zu akzeptieren als gut ist – vor allem zu Beginn ihrer Versuche. Im Fortschreiten aber werden sie beginnen, den Wert einer östlichen Weisheit schätzen zu lernen: «Die Differenzierung ist die erste Tugend des Weges.» In einem Gebet der anglikanischen Kirche wird der Schüler der Schriften angewiesen, sie zu «lesen, sich zu merken, zu lernen und sie *innerlich zu überdenken*». Hierin liegt der Schlüssel zu Verständnis und Wissen, vor allem in den Worten, die ich hervorgehoben habe. Viele Schüler des Okkulten haben eine riesige Menge oberflächlichen Wissens angehäuft. Sie haben sich aber nie der Mühe unterzogen, das alles in ein funktionstüchtiges System zu bringen. Diese Menschen sind es, die dazu neigen, sich von jeder Mode mitreissen zu lassen, und sie sind es auch, die die ärgsten Feinde der wirklich guten okkulten Schulen sind. Diese Personen mögen über ein grosses Wissen verfügen, Weisheit aber werden sie nie erlangen.

Dieses Buch ist für alle jene geschrieben, die sich vielleicht zum ersten Mal mit solchen Dingen beschäftigen. Ihnen empfehle ich, sich mit diesem Buch, so wie ich es bereits angedeutet habe, auseinanderzusetzen: Halte dich an seine Regeln und überprüfe sie anhand der erzielten Ergebnisse.

Totton, Hampshire
W. E. Butler

Was ist Hellsehen

Das Wort «clairvoyance» und die mit ihm verwandten Wörter «clairaudience» und «clairsentience» kommen aus dem Französischen und wurden von den Schülern Dr. Franz Mesmers gebraucht. Er entdeckte den sogenannten «animalischen Magnetismus», der später nach ihm «Mesmerismus» genannt wurde. Einen bestimmten Teil der Mesmerschen Arbeit taufte Dr. James Braid später um. Er nannte ihn «Hypnose». Unter diesem Namen wurde ein Teil der Technik Mesmers offiziell anerkannt; es gibt sogar eine «Medizinische Gesellschaft der Hypnotiseure»! Die Ärzte Esdaile und Elliotson und ihre Kollegen, die von der orthodoxen Medizin ihrer Zeit scharf verfolgt worden waren, würden sicher lächeln – wenn auch etwas bitter – wenn sie im Jenseits von einer Gesellschaft von *Medizinischen Hypnotiseuren* hören würden.

ASW

Im Verlauf ihrer Untersuchung entdeckten die frühen Mesmeristen, dass an einigen ihrer Patienten in tiefer Mesmer-Trance Anzeichen dessen beobachtet werden konnte, was heute ASW – aussersinnliche Wahrnehmung genannt wird. Sie kannten diesen sehr passenden Ausdruck nicht, sondern gebrauchten Bezeichnungen, ähnlich derer, die wir schon oben nannten. Wo in der heutigen Zeit auch immer neue Namen auftauchen, kommen viele von ihnen aus dem Griechischen oder Lateinischen. Das ist auch der Grund, warum so viel Aberglaube, Dummheit und Angst mit den alten Namen verbunden war und immer noch ist. Deswegen schien es notwendig, mit den alten Assoziationen zu brechen. So gesehen war der Dichter vielleicht im Recht, der fragte:

«Was bedeutet schon ein Name?» Die Blume der paranormalen Wahrnehmung ist genauso wirklich, ob sie nun «Metagnomie», ASW oder Hellsehen genannt wird.

Die drei Worte «clairvoyance», «clairaudience» und «clairsentience» bedeuten «klares Sehen», «klares Hören» und «klares Fühlen» und beziehen sich selbstverständlich nicht auf die normalen physischen Sinneswahrnehmungen, sondern auf die über-sinnliche oder ausser-sinnliche Wahrnehmung. Wenn nun diese übersinnlichen Wahrnehmungen unser Bewusstsein nicht durch unsere physischen Sinne erreichen, wo haben sie dann ihren Ursprung? Die einfache, doch zutreffende Antwort lautet, dass sie aus den unbewussten Bereichen unseres Bewusstseins stammen. Wie man weiss, hat die moderne Psychologie gezeigt, dass hinter oder unter dem eigentlichen Wachbewusstsein noch mehrere Bewusstseinsebenen existieren. Hier ist der Ort, wo Hellsehen die Basis für sein Erscheinen hat. Dem Zweck des Buches entsprechend, können wir etwas dogmatisch sein und, um die Sache zu vereinfachen, sagen, dass wir alle einen feineren Körper, der nicht aus Materie zusammengesetzt ist, besitzen, und dass die «Sinne» dieses Körpers mit dem Wachbewusstsein verbunden werden können, so dass das, was wir aus diesen «feineren» Ebenen wahrnehmen, *bewusst* wahrgenommen werden kann. Es scheint ziemlich sicher, dass, auch wenn wir diese aussersinnlichen Sinnesdaten nicht bewusst empfangen, sie doch von unseren tieferen Bewusstseinsschichten registriert werden, ganz gleich, ob wir wachen oder schlafen.

Der «Buntglas-Effekt»

Im Osten wurde ein differenzierter Plan zur psychischen Entwicklung erarbeitet, der auf einem komplizierten System von Kraftzentren beruht, die als «Chakras» bekannt sind. Diese Zentren können für übersinnliche Wahrnehmungen, die durch das Unbewusste kommen, geöffnet werden und natürlich auch für die übernatürlichen Kräfte. Es gibt viele

Beispiele von Visionen, Stimmen und anderen Sinneswahrnehmungen, bei denen der Psychologe leicht feststellen kann, dass sie ihren Ursprung im Unbewussten haben und dort Anspannungen und Belastungen zuzuschreiben sind. Von solchen Visionen, die aus dem Unbewussten resultieren, unterscheiden sich die ASW-Visionen eindeutig, in *beiden Fällen* aber werden die Bilder, Töne usw. nach den Gesetzen aufgebaut, die für jede Äusserung des Unbewussten gelten. Es ist sehr wichtig, festzustellen, dass, obgleich Visionen dem ASW entspringen, sie sich doch auf dem Weg zum Wachbewusstsein wahrscheinlich etwas verändern werden. Diese Veränderung ist all denen gut bekannt, die praktische Erfahrungen in diesen Dingen haben. Der alte W. T. Stead, ein erfahrener Journalist und Sozialreformer, nannte das den «Buntglas-Effekt». Das ist ein gutes Bild für diesen Vorgang im Unterbewusstsein. Gerade so, wie das farbige Glas eines Fensters dem weissen Licht, durch das es einfällt, seine Farben und Formen aufdrückt, so färbt und verdreht das Unterbewusstsein alles, was es zum Wachbewusstsein durchlässt.

Willkürliches und unwillkürliches Nervensystem

Es ist eine Tatsache, dass selbst dann, wenn wir unsere normalen physischen Sinne benutzen, eine Verzerrung einsetzt, wenn auch in einem geringeren Ausmass. Wir sehen, was unser Unbewusstes reizt und übersehen dabei oft Dinge völlig, die andere in derselben Situation deutlich vor Augen haben. Für Polizisten und Richter, die mit Augenzeugenberichten über Unfälle oder andere Ereignisse zu tun haben, ist das ein wohlbekanntes Phänomen. Von Okkultisten wurde nachgewiesen, dass alle hellsichtigen oder anderen spirituellen Wahrnehmungen beide voneinander unterschiedliche Nervensysteme unseres Körpers benutzen können. Sie können über die Wege des sogenannten «unwillkürlichen Nervensystems» oder über das Zerebrospinalsystem hereingelangen. Kommen sie über das neurovegetative Nervensystem, die «Tore aus Elfenbein», wie es im Altertum hiess, so sind sie eher undeutlich und schwierig zu verstehen. Die Bilder selbst können deutlich sein, die Bedeutung aber, die sie für das Wachbewusstsein haben, ist nicht klar. Darüber hinaus ist in vielen Fällen diese Art der Vision nicht unter die Willenskontrolle desjenigen zu bringen, den sie betreffen. Oftmals kann die Imagination nicht in Gang gebracht werden, oder, genau umgekehrt, sie bricht in das Wachbewusstsein ein, wenn sie gerade nicht gebraucht wird. Es ist leicht einzusehen, dass solch eine Situation unter gewissen Umständen sehr gefährlich sein kann. Die andere Möglichkeit – die Arbeit mit dem willkürlichen Nervensystem – hat folgenden Vorteil: Diese Arbeit kann unter die Kontrolle der Psyche gebracht und willentlich begonnen und beendet werden. Sie ist auch weniger abhängig von dem, was man im psychologischen Experiment «Bedingungen» nennt. Über fünfzig Jahre praktischer Erfahrung auf diesem Gebiet haben uns gelehrt, dass es sehr selten vorkommt, dass der übersinnlich Trainierte immer nur das «willkürliche» Nervensystem benutzt. Er kann vielleicht an guten Tagen neunzig Prozent Kontrolle erreichen, an anderen eventuell aber nur fünfundfünfzig Prozent. Ähnlich kann der Hellseher, der mit dem unbewussten Nervensystem arbeitet, an sehr guten Tagen mit dem bewusst beeinflussbaren Nervensystem beginnen. Tatsache ist, dass alle zwei, der «positive» und der «negative» Seher, unter unterschiedlichen Verhältnissen mit beiden Möglichkeiten arbeiten, denn beide Nervensysteme sind eng miteinander verbunden. Obgleich das willkürliche Nervensystem der wichtigere Teil sein sollte, sind doch alle Prozesse, mit denen die Sinne, ob nun sinnlich oder übersinnlich, ihre Mitteilung an das Wachbewusstsein übermitteln, Prozesse, die vom unwillkürlichen Nervensystem durch das Unterbewusstsein hindurch weitergeleitet werden.

Wir haben das hier ausgeführt, um die Trennung zwischen zwei Formen der spirituellen Aktivität, wie sie von einigen Okkultisten aufgestellt worden ist, aufzuheben. Gleichzeitig betonen wir, dass man ein gewisses Mass an Kontrolle gegenüber der spirituellen Aktivität aufrecht erhalten muss, und zwar von Anfang an. Natürlich kann man während der ersten Stadien des Trainings der zu entwickelnden Fähigkeit ein gewisses Mass an Freiheit zugestehen. Nach und nach aber muss ihr freundlich doch bestimmt die Kontrolle durch den Willen auferlegt werden.

Das Ausweiten physikalischen Sehens

Es ist zu vermuten, dass die allgemeinen Vorstellungen von dem, was Hellsehen sei, ziemlich weit von dem entfernt sind, was es wirklich ist. Der Name ist bisher mit so viel verschiedenen Dingen in Verbindung gebracht worden, dass eine ziemliche Verwirrung entstanden ist. Wir werden deshalb hier so einfach wie möglich versuchen, das zu beschreiben, was Hellsehen eigentlich ist. Zunächst werden wir uns mit einer Form von Hellsehen beschäftigen, die in Wirklichkeit eine Erweiterung des eigentlichen physikalischen Sehens ist. Nimmt man ein Prisma – also ein dreiseitig geschliffenes Stück Glas – und schickt einen Strahl weisses Licht hindurch, dann wird das weisse Licht in ein Lichtband aufgespalten, dessen Farben von Rot an einem Ende bis zu Violett am andern reichen. Wir wissen darüber hinaus, dass unterhalb der roten Schwingungen noch Infrarotstrahlen liegen. Auch über das violette Ende des Farbenspektrums hinaus gibt es noch Strahlen, z. B. die Ultra-Violett-Strahlen, die Röntgen-Strahlen und viele andere. So ist das für uns sichtbare Farbenspektrum nur ein kleiner Ausschnitt eines grossen Bereiches von Schwingungen.

Wirft man nun das Farbenspektrum auf einen weissen Hintergrund und bittet ein halbes Dutzend Leute, auf diesem Hintergrund zu markieren, wo die Grenzen des Farbbandes zu liegen scheinen, wird man feststellen, dass die Ergebnisse manchmal in spektakulärer Weise variieren. Vielleicht wird eine Person die Grenzen mitten in das rote Ende und weit hinter dem violetten einzeichnen. Andere werden weit über das rote Ende hinaus und nicht bis an das violette Ende sehen. Die meisten Menschen, mit denen man das Experiment macht, werden das Farbband in derselben, üblichen Weise sehen, es gibt aber eben auch solche, die an dem einen oder anderen Ende mehr sehen können. Diese Abweichung resultiert aus der Struktur der Retina: die Fläche im Auge, auf die die Linse des Auges das Bild projiziert, was immer man auch betrachtet. Hierbei gibt es jedoch noch andere Faktoren, die aber von der orthodoxen Medizin nicht beachtet werden, da sie zu metaphysischen Bereichen gehören.

Das Experiment zeigt also, dass einige Menschen Lichtschwingungen sehen, die für andere unsichtbar sind. Deshalb wurde dieses Beispiel aufgeführt. Im Laufe der Jahre hat die experimentelle Überprüfung der Lehre der Mesmerianer und anderer überzeugend gezeigt, dass der physikalische Körper ein Gegenstück sehr viel «feinerer» Substanz hat, und dass dieser feine Körper die «Gussform» ist, nach der der physische Körper gebildet ist. Auch verfügt dieser feine Körper über Sinne. Sie sind fähig, die verschiedenen Eigenschaften wahrzunehmen, die die Welt der feineren Materie, aus der auch der «ätherische Körper» aufgebaut ist, auszumachen.

Das ätherische Doppel

Der Gebrauch des Wortes «ätherisch» hat ein grosses Mass an Ablehnung von Seiten der Physiker erfahren, die das Wort «Äther» als ihren ureigensten Besitz beanspruchen, obgleich, so glaube ich, es bei den Physikern im Moment die letzte Mode ist, jegliche Existenz von Äther im Weltraum zurückzuweisen. Moden wechseln – auch in der Wissenschaft. Wie es sich auch immer damit verhält, diesem feineren Körper sind bis heute viele Namen gegeben worden. Im alten Ägypten war er als *Ka* bekannt, im mittelalterlichen Deutschland als der *Doppelgänger,* in bestimmten Rosenkreuzer-Schulen als der *Vitalkörper* und in der modernen Theosophie heisst er das *ätherische Doppel.* Die französischen Spiritisten sprechen von ihm als dem *péri-esprit.*

Man sagt, dass die Vitalkräfte durch das ätherische Doppel in den physischen Körper gelangen, und dass der Geist und die Gefühle durch alle Zellen, Drüsen und Nerven des Körpers ausgedrückt werden können. Auch wird behauptet, dass die Sinne des feineren Körpers mit dem Wachbewusstsein verbunden werden können. Es gibt verschiedene Methoden, das zu erreichen. Wir werden über die Entwicklung des ätherischen Sehens und Hörens noch sprechen, wenn wir uns mit der praktischen Arbeit des hellseherischen Lehrgangs befassen.

Das ätherische Sehen wird manchmal auch Röntgenblick genannt, weil es dem Besitzer ermöglicht, durch dichte Materie hindurchzuschauen. Dies war in den frühen Tagen des Mesmerismus als Methode zur medizinischen Diagnose von Krankheiten entwickelt worden. Seitdem man mit Hilfe des ätherischen Hellsehens in einigen Fällen in das Innere des menschlichen Körpers schauen und die verschiedenen Organe bei der Arbeit beobachten kann, weiss man, wie hilfreich diese Form des Hellsehens sein kann.

Das Ausbilden des ätherischen Sehens

Es gibt mehrere Kunstgriffe, von denen behauptet wird, sie ermöglichen es, diese Form des Sehens zu entwickeln. Spezielle Farben, so z. B. Teefarbstoffe, werden in Alkohol gelöst und diese Flüssigkeit in einen kleinen Behälter gefüllt, der aus zwei einfachen Glasstücken so zusammengeklebt ist, dass ein schmaler Zwischenraum frei bleibt. Daraufhin schaut der Experimentator für eine gewisse Zeitdauer durch diese gefärbte Scheibe auf eine Lichtquelle und beginnt dann bei einiger Ausdauer möglicherweise die Ausstrahlung zu sehen, die beständig von allen Lebewesen ausgeht. Die Theorie dazu besagt, dass diese Praxis die Retina des Auges so verändert, dass es dem Auge möglich wird, Lichtschwingungen wahrzunehmen, die ausserhalb des sichtbaren Farbspektrums liegen. Es gibt auch Brillen, sogenannte Aurabrillen, in die farbiges Glas eingesetzt ist, und von denen behauptet wird, sie erzielten den selben Effekt wie die Scheiben mit Teefarbstoff.

Die Pionierarbeit in dieser Forschungsrichtung leistete vor einigen Jahren ein medizinischer Ingenieur, W. J. Kilner, am St. Thomas-Hospital in London. Den Bericht über seine Arbeit veröffentlichte er in einem Buch mit dem Titel *Die menschliche Aura.* Ich hoffe, mich mit dem ätherischen Sehen in einem anderen Buch dieser Serie beschäftigen zu können, das sich ganz auf die Aura und ihre Phänomene konzentriert.

Nachdem wir uns bisher eher allgemein mit dem ätherischen Hellsehen beschäftigt haben, wenden wir uns nun anderen Arten des Hellsehens zu. Hier müssen wir unseren Gegenstand entsprechend den vier verschiedenen Arbeitsweisen einteilen. Wir haben daher:

a psychologisches Hellsehen
b räumliches Hellsehen
c astrales Hellsehen
d wirkliches spirituelles Hellsehen

Im nächsten Kapitel werden wir diese vier Aspekte des Hellsehens betrachten und dann, nachdem eine ausreichende Grundlage geschaffen wurde, mit der praktischen Arbeit beginnen.

Arten des Hellsehens

Im letzten Kapitel haben wir vier «Spielarten» des Hellsehens aufgezählt. Wir beschäftigten uns mit ihnen getrennt, obwohl wir diese Trennung in der praktischen Arbeit kaum aufrecht erhalten können. Die Kraft, die wir auf die eine Weise benutzen, kann nämlich, obwohl wir sie auf dieser Ebene halten wollen, plötzlich eine neue Ebene der Wahrheit öffnen, die wir gar nicht angestrebt hatten. Gleichwohl werden wir allein schon des besseren Studiums wegen, diese Formen der Kraft voneinander trennen und jede einzeln betrachten.

Psychologisches Hellsehen

Dies ist ein Name, den wir selbst gewählt haben, um einen bestimmten Typus des Hellsehens zu bezeichnen. Den meisten von uns sind Anziehung und Abneigung, die wir anderen Menschen gegenüber empfinden, wohlbekannt. «Ich mag Sie nicht, Dr. Schlicht», heisst es in einem alten Reim, und weiter: «Den Grund warum aber weiss ich nicht». Es *gibt* einige Leute, die wir ganz spontan und instinktiv mögen oder nicht mögen. Oft können wir den Grund dafür nicht sagen, weil diese Gefühle aus der Tiefe unseres Unterbewusstseins kommen. In der Tat *müssen* Gefühle *nicht* notwendig mit hellsichtiger Wahrnehmung erklärt werden; es gibt die überzeugend klingende psychologische Erklärung von Antipathie und Sympathie. Es ist sicher von Vorteil, wenn wir zunächst diesen Punkt deutlich abgrenzen, bevor wir fortfahren.

In unser aller Leben gab es einige Menschen, die auf die eine oder andere Weise bei uns das Erlebnis des Schmerzes, der Scham oder Angst einerseits und der Freude, des Glücks und der Zufriedenheit andererseits auslösten. Wir haben diese Menschen und die Situationen, in denen wir uns mit ihnen befunden haben, längst vergessen und vielleicht viele Jahre nicht mehr an sie gedacht. Diese Erinnerungen aber sind nicht verloren, sie sind nur in die Tiefe des Unterbewussten zurückgedrängt worden. Um wirkliche seelische Ausgeglichenheit und Selbstkontrolle zu besitzen, ist es sehr wichtig, dass solche Erinnerungen nicht zu tief verdrängt werden. Sonst können sie nämlich zu einer Art geistigem und emotionalem Krebs werden, indem sie den freien Fluss der Vitalität hemmen und sich in die normale Arbeit des Verstandes einmischen.

Solche Erinnerungen sind meistens vergessen, aber nicht immer endgültig verdrängt. Wenn wir eines Tages eine Person treffen, deren Gesicht oder Gebaren deutlich dem unseres Freundes oder Feindes ähnelt, dann schlägt dieser Mensch, den wir zum ersten Mal sehen, eine Saite in unserer Seele an, die nichts mit ihm, sondern nur etwas mit dem längst Vergessenen zu tun hat. Wenn die bewusste Wiedererinnerung des Freundes oder Feindes nicht erfolgt, kommt es zu einem *emotionalen Effekt.* Die Gefühle, die früher hervorgerufen wurden, werden auf den Fremden, dem wir begegnen, übertragen. So meinen wir, «Herrn Schlicht» misstrauen und fürchten zu müssen, obwohl er wahrscheinlich ein guter und liebenswerter Mann ist. Diese psychische Projektion geschieht sehr häufig; eine frühere persönliche Erfahrung erklärt die häufigen Fälle sofortiger Liebe oder Abwehr, die wir so oft erleben.

In vielen Fällen jedoch zeigen spätere Situationen, dass unser Eindruck sehr richtig war! Hier gelangen wir an einen Punkt, der meist übersehen wird, wenn über Hellsehen diskutiert wird. Wir sind geneigt, unter Hellsehen das Auftreten von Visionen zu verstehen. Dies trifft aber nicht zu. Die spirituelle Kraft bringt bei ihrem Gang durch die unbewussten Schichten sehr viel mehr mit als nur ein einfaches, sichtbares Bild. Dieses Bild wird ergänzt von einer geistigen und gefühlsmässigen Atmosphäre. Es ist also die Summe von sichtbaren

Bildern, Gefühlen und Ideen, die ins Wachbewusstsein gelangen, wenn wir die Fähigkeit des Hellsehens üben. Wir werden uns damit noch einmal beschäftigen, nämlich dann, wenn wir zu bedenken haben, welche Rolle die Symbole beim Hellsehen spielen.

Diese vermischte emotional-geistige Atmosphäre ist zu Beginn der Entwicklung meist lebendiger als irgend ein anderes einfaches Bild. Doch mit fortschreitender Entwicklung werden die Bilder schärfer, und die Atmosphäre wird weniger dominant. Demzufolge scheinen die visuellen Bilder zunächst bis zu einem gewissen Mass einem merkwürdig formlosen und intuitiven Verständnis Raum zu geben. Das kann unter Umständen zu einer völlig unstrukturierten Wahrnehmung führen, in der all die Details, die die visuellen Bilder und die geistig-gefühlsmässige Atmosphäre ergeben, überdeckt werden von einer klaren, ausgesprochen genauen Wahrnehmung, die, ohne jedes Bild oder jede Atmosphäre dem Wachbewusstsein ein ganzes, genaues und umfassendes Verständnis dessen geben, was gerade beachtet wird.

Die drei Ebenen der Wahrnehmung

Wir behaupten nicht, dass dies der automatische Entwicklungsablauf sein muss. Für den einen mag es besser sein mit der zweiten Stufe, auf der Bilder und Intuition zusammenarbeiten, anzufangen, andere dagegen beginnen auf der dritten Stufe der Wahrnehmung. Wir beschreiben diese Vorgänge am besten mit einem fiktiven Beispiel, das die Arbeit der drei Phasen aufzeigt.

Nehmen wir an, wir werden von drei Hellsehern begleitet in ein Haus gerufen, in dem es spukt. Jeder von ihnen arbeitet mit einer anderen Stufe der Wahrnehmung. Schauen wir zunächst, was unser Hellseher der ersten Stufe erlebt. In dem Zimmer, in dem es spukt, wird er vielleicht an den verschiedensten Stellen schwach phosphorisierende Flecken sowie schwach glimmende Wolken feststellen. Auch würde er gewisse, unterschiedlich starke Gefühlsströme im Raum «spüren». Diese würden entsprechende Stimmungen in ihm wekken, Gefühle der Depression und Schwermut. Wird diese Kraft stärker, nimmt er vielleicht die schwach leuchtende Figur eines älteren Mannes wahr, der ihm gegenüber in einem Sessel sitzt und schwermütig ins Kamin starrt. Dies alles geschah tatsächlich, als wir vor einigen Jahren zugezogen wurden, um einen Geist, der in diesem Zimmer sein Unwesen trieb, zu verscheuchen. Der Hellseher des ersten Typs wird eher die ganze Stimmung als das Aussehen des Mannes erfassen, und er wird dazu neigen, auf diese Stimmung in der beschriebenen Weise zu reagieren.

Der Hellseher der zweiten Art wird nicht so stark von der depressiven und schwermütigen Stimmung ergriffen werden; er wird aber in der Lage sein, die Erscheinung des Mannes genauer und näher zu betrachten. Dabei wird er sehr wahrscheinlich erkennen können, dass er nicht einen lebendigen Mann, sondern den Abdruck oder Schatten eines Mannes schaut, der irgendwann einmal in diesem Haus wohnte und diesen Raum benutzte. Es gibt einen subtilen, aber realen Unterschied zwischen diesen Einflüssen auf die psychische Stimmung und der Anwesenheit eines wirklich Lebenden. Dieser Unterschied ist schwer zu beschreiben, man wird sich allmählich der unterschiedlichen Lebensform gewahr.

In diesem Fall wird unser Hellseher bei dieser Gestalt ein merkwürdig unwirkliches Gefühl haben. Beim Betrachten einer lebenden Person hingegen würde sich ein Eindruck von ihrer persönlichen Kraft und Individualität ergeben. Wir werden auf diesen Punkt noch einmal zurückkommen, wenn wir die Frage der Symbole und deren Gebrauch beim Hellsehen behandeln.

Der dritte Hellseher wird alle Möglichkeiten nutzen. Entfaltet er seine hellseherischen Fähigkeiten, wird er zunächst der stark belasteten Atmosphäre des Raumes gewahr, und erst nachdem er seinen Wahrnehmungen freien Raum lässt, wird er die Gestalt deutlich und klar sehen, wie sie seine beiden Freunde auch wahrgenommen haben. Wie der zweite wird er wissen, dass das Wahrgenommene lediglich ein «Abbild im Astrallicht» darstellt, wie er es nennen würde. Indem er seine Vision vertieft, wird er Gestalt und Stimmung für einige Momente verlieren, da sein Bewusstsein in diesem Moment «blockiert» ist. Ohne den geringsten Zweifel wird er dann wissen, wie sich die Stimmung von Depression und Selbstmord in diesem Raum gebildet hat; er wird darüber hinaus wissen, wie sich diese Kraft seit dem Zeitpunkt ihres Entstehens hat erhalten können und was zu tun ist, um sie zu zerstören und den Raum zu säubern, damit er wieder bewohnbar ist.

Stimmungen

In diesem konkreten Fall erwiesen sich sowohl die hellseherische «Diagnose» als auch die spätere «Behandlung» als erforderlich. Spätere Nachforschungen zeigten, dass die hellseherischen Ergebnisse richtig waren. Wir erfuhren, dass einige Jahrzehnte vor unserem Besuch der Hausbesitzer ein sehr schwermütiger Bauersknecht war. Viele Jahre hindurch war er von der Arbeit in sein Haus zurückgekehrt, hatte in diesem Raum gesessen und über sein wirkliches und eingebildetes Pech nachgegrübelt. Am Ende beschloss er, den Freitod zu wählen. Die Stimmung, die er hinterlassen hatte, war in der Tat tödlich. Wir fanden dies durch unser Experiment bestätigt, denn wir selbst fühlten den starken selbstmörderischen Impuls, und so erging es jedem, der eine Weile in diesem Raum gesessen war.

Dies alles beruht auf wirklichen Gegebenheiten. Wer aber eine fiktive Darstellung von einem grossen Schriftsteller lesen will, möge zu einer von Rudyard Kiplings Kurzgeschichten mit dem Titel «The House of Surgeon» greifen. Zu dieser Geschichte gehört ein Gedicht: Das Rabbi-Lied. Wir zitieren hier einen Vers daraus:

Wenn der Gedanke sich zum Himmel erhebt, beim Himmel lass ihn verweilen,

Denn dem Gedanken sind sowohl die Angst als auch die Kraft zu eigen, die Hölle zu erreichen,

Daher fürchte die Verlassenheit und Finsternis deines Geistes

jenen stummen und bedrückenden Ort, den du hinter dir liesst.

Natürlich gibt es auch starke und gute Kräfte und Einflüsse, die selbst von den Steinen jener Plätze ausgehen, die über Jahrhunderte Orte des Gebets und der Lobpreisung waren, wo sich die Welten von gläubigen Priestern und liebenden Menschen trafen. Diese Stimmungen können von Hellsehern wahrgenommen werden, und auch der Leser wird durch die im Experiment erzeugte, unmittelbare Erfahrung lernen, dass er eine tiefe Verantwortung für die Umstände trägt, die er ständig um sich herum zur Hilfe oder zur Behinderung seiner Mitmenschen formt. Denn schon in der Bibel steht geschrieben: «Kein Mensch lebt nur um seiner selbst willen.»

Hellsehen ist nicht so einfach wie man im allgemeinen annimmt, den genannten drei Arten wird man aber nahezu überall begegnen. Diesen Grundzügen entsprechend, kann das Hellsehen auch von grosser Hilfe bei der «parapsychologischen Beratung» sein. Hellsehende aller drei Arten können hier gute Hilfe leisten. Wenn durch unsere Beschreibung der Eindruck entstanden ist, dass der dritte Typ der beste sei, so geschah das nicht, um den Leser zu überzeugen, dass die beiden anderen Arten minderwertig sind. Sie *sind* in dem Sinne unterlegen, dass sie Stufen auf dem Weg zum 3. Typ darstellen, den wir für die vollkommenste dieser Arten der psychischen Wahrnehmung halten. Es gibt jedoch noch höhere Stufen, mit denen wir uns allerdings erst dann beschäftigen können, wenn wir zu der Art von Hellsehen gelangen, die wir als spirituelles Hellsehen bezeichnet haben.

Hellsehen in Raum und Zeit

Wir kommen nun zu dem, was wir räumliches Hellsehen genannt haben. Es gibt gewisse Methoden, die von Hellsehern dieser Art angewandt werden. Um zu erklären, was gemeint ist, kehren wir in die Zeit des Amerikanischen

Bürgerkrieges zurück. Damals bemerkte ein gewisser General Polk, dass, wann immer er ein Stück Kupfer anfasste, er selbst bei pechschwarzer Dunkelheit, einen metallischen Geschmack bemerkte. Diese Tatsache interessierte Dr. Rhodes Buchanan, der Experimente mit seinen Studenten veranstaltete, in denen er sie veranlasste, Phiolen in die Hände zu nehmen, die starke Drogen enthielten. Er beobachtete, dass einige Studenten, meist kurz nachdem sie die Phiole gehalten hatten, jene Symptome zeigten, die entstanden wären, hätte man ihnen tatsächlich eine Dosis der jeweiligen Droge gegeben. Diese Nachforschungen weckten das Interesse von Professor Danton, einem bekannten Geologen der Zeit, der zusammen mit seiner Schwester, Mrs. Ann Danton-Cridge, Versuche unternahm.

Er fand heraus, dass sie, wenn sie sich eine geologische Probe vor die Stirne hielt, in der Lage war, in visuellen Wahrnehmungen etwas über die Vergangenheit des Gesteins zu sehen. Er führte grosse Testreihen durch, in denen er jede Möglichkeit telepathischen Handelns zwischen sich und seiner Schwester eliminierte. Die Ergebnisse dieser Untersuchungen sind in dem Buch *Die Seele der Dinge* veröffentlicht worden. Die Kraft, die Vergangenheit mit Hilfe eines Objekts als Konzentrationszentrum zu lesen, nannte er «Psychometrie», ein Wort, das aus zwei griechischen Worten zusammengesetzt ist. Das eine bedeutet «die Seele», das andere «messen». Psychometrie ist also im Sinne Dantons die Gabe, die Seele der Dinge zu messen, d. h. von einem Gegenstand die Geschichte seiner Vergangenheit zu erfahren.

Seit der Zeit benutzen die Psychologen das Wort Psychometrie jedoch in einem völlig anderen Sinn. Komisch genug aber verübeln sie den Hellsehern und ihren Freunden, dass auch sie dieses Wort gebrauchen, und vor allem in der Bedeutung, für die es ursprünglich eingesetzt worden war. Ein gutes Wörterbuch wird über beide Bedeutungen aufklären.

In ihren grundlegensten Zügen ist die Psychometrie tatsächlich ein «Hellsehen in der Zeit», in der ein Objekt gleichzeitig als Ausgangspunkt und Bezugspunkt dient. Es ist auch möglich, ohne Gegenstand zu arbeiten, doch hilft die Konzentration auf ein Objekt, ein Hellsehen in den vorgegebenen Grenzen aufrechtzuerhalten. Wie wir bereits sagten, kann der Gegenstand durchaus weggelassen werden, und viele Menschen üben dieses Hellsehen in der Zeit aus, ohne davon auch nur die geringste Ahnung zu haben. Manche haben festgestellt, dass sie, obgleich sie von keiner psychischen Kraft ihrerseits wissen, beim Berühren von alten Möbeln oder Antiquitäten, trübe, dunkle Bilder und Gefühle in sich aufsteigen fühlen. Dieses dumpfe Hellsehen ist viel häufiger, als man gemeinhin annimmt.

«Anima Mundi»

Es ist für uns relativ einfach, eine kosmische Bildergalerie auszudenken; eine Art kinematographischer Niederschrift von allem, was je auf Erden geschah. Dies nennt man die «Anima Mundi» (Weltenseele), und im Osten die Akasha-Chronik. Im alten Ägypten galt das Protokoll, das verlesen wurde, wenn die Seele des Toten im Jenseits beurteilt wurde, als unvergänglich. In der Bibel, in der Offenbarung des hl. Johannes, heisst es, dass die Bücher geöffnet und die Seelen aufgrund ihrer Aufzeichnungen gerichtet werden. Es ist möglich, dass der Seher, der das Buch der Offenbarung schrieb, diese Vorstellung eines kosmischen Buches im Sinne hatte, es kann jedoch ebensogut sein, dass es in beiden Religionen ein Wissen um die Existenz einer kosmischen Aufzeichnung gab.

Nun kommen wir zu einem völlig anderen und schwierigen Aspekt dieses Themas. Wir können verstehen, dass es eine Aufzeichnung allen vergangenen Geschehens gibt, wie wir es beschrieben haben. Was ist jedoch mit den Dingen, die noch gar nicht passiert sind, die aber manchmal von Hellsehern wahrgenommen werden? Dass solch eine Vorschau möglich ist, gilt als über jeden Zweifel erhabene Tatsache. Dieser

Aspekt des Sehertums ist die anziehendste aller Möglichkeiten, die diese Fähigkeit in sich birgt. Zu allen Zeiten der überlieferten Geschichten wurde mit grosser Anstrengung nach der Fähigkeit der Voraussicht gesucht.

Einige der Arten, wie diese Kraft eingesetzt wurde, waren gut, andere ausgesprochen schlecht. Für den Schüler des Hellsehens hat die Fähigkeit der Vorausschau eine grosse Anziehungskraft, aber sie bedeutet gleichzeitig eine grosse Gefahr. Es scheint so wundervoll, die Zukunft voraussagen zu können, dass jeder junge Adept den Boden unter den Füssen zu verlieren droht, wird er sich erst einmal des Gefühls der eigenen Wichtigkeit gewahr, das entsteht, wenn er von Menschen konsultiert wird, die wissen möchten, was ihnen die Zukunft bringt. Hierin liegt die Gefahr, und sie ist eine doppelte: Zum einen kann dieses Gefühl der Wichtigkeit solch ein Ausmass erreichen, dass es den Schüler selbstgefällig werden lässt, zum anderen neigt er vielleicht dazu, seine Fähigkeit über Gebühr zu gebrauchen und muss dann feststellen, dass er sich nicht mehr auf sie verlassen kann.

Vorausschau und Wahrscheinlichkeit

Wie es möglich ist, die Zukunft vorauszusagen, wissen wir bis heute nicht genau, obgleich es viele Theorien darüber gibt. Einige von ihnen erklären einen Teil der Tatsachen, die anderen einen anderen Teil. *Eine* Art der Vorausschau jedoch lässt sich rational erklären. Denken wir an einen Mann, der am Fenster eines Hochhauses steht und auf die belebte Strasse hinausschaut, so sehen wir ihn vielleicht, wie er das Entlangschlendern einer Frau beim Einkaufsbummel auf der anderen Strassenseite beobachtet. Blickt er die Strasse hinunter, sieht er einen Anstreicher, der hoch oben auf einer langen Leiter steht. Kurz bevor die Dame die Leiter erreicht, beobachtet er, wie der Anstreicher den Farbeimer verliert und dieser dann auf den Boden zufällt. Schätzt er nun die Geschwindigkeit ab, mit der der Eimer hinunterfällt und die Geschwindigkeit, mit der die Dame sich dem Punkt nähert, wo der Farbkübel auf dem Boden auftreffen wird, ist das Verhalten unseres Beobachters völlig gerechtfertigt, wenn er der Frau zuruft: «Vorsicht, sonst passiert Ihnen etwas!» *Wenn* sie die ursprüngliche Geschwindigkeit beibehält und sich nicht umwendet, um etwas in einem Schaufenster zu betrachten, und *wenn* der Eimer weiterhin zu Boden fällt, ohne auf einen Vorsprung des Gebäudes aufzutreffen, wird die Voraussage unseres Beobachters vermutlich zutreffen. Wenn aber die anderen Faktoren, die wir erwähnten, ins Spiel kommen, wird die Prophezeiung sich nicht bestätigen, oder die Dame wird, weil die Farbe über einen beträchtlichen Bereich spritzt, einige Farbkleckse auf ihr Kleid abbekommen und so nur einen leichten Unfall haben.

Dies ist eine mögliche Erklärung für manche Fälle von Vorausschau, sie gilt aber nicht für alle. Hier sieht der hellsichtige Beobachter das mögliche Zusammenspiel von bestimmten, mit der betreffenden Person verbundenen Kräften voraus. So lange die Kräfte konstant bleiben, kann das Ergebnis durch den tieferen Geist des Hellsehens vorausgesagt werden. In anderen Fällen aber ist solch eine Erklärung nicht möglich; und wir müssen versuchen zu verstehen, dass eine zukünftige Wirkung *vor* seiner Ursache geschehen kann. Dies scheint alle Gesetze der Vernunft Lügen zu strafen. Es gibt aber im Reich der Physik ein oder zwei wesentliche Daten, die auf diese Möglichkeit hinzuweisen scheinen, so z. B. die Tatsache, dass ein Elektron unter bestimmten Umständen an zwei Orten zugleich sein kann!

Dieses ganze Thema ist verbunden mit den philosophischen Ideen von Schicksal und freiem Willen, dem Verhältnis von Aktion und Reaktion, und ist der Tummelplatz aller Arten von Theoretikern, Spinnern und Pseudo-Philosophen. Begriffe wie die vierte und fünfte Dimension werden verwendet, als handle es sich hierbei um Alltäglichkeiten, doch können wir diese getrost unbeachtet lassen. Wir sind pragmatisch und sagen: «Vorausschau ist eine Tatsache. Wie sie arbeitet, wissen wir heute noch nicht!»

In jedem Fall jedoch wird der Leser die Möglichkeit, die Zukunft vorauszusagen, mehr interessieren, denn jede Theorie, vor allem dann, wenn er begonnen hat, seine hellsichtigen Kräfte zu entwickeln und so unvorsichtig war, dies seinen Freunden zu erzählen. Diejenigen nämlich, die ihn dann nicht für einen Fall für den Psychiater halten, werden ihm eine Menge Schwierigkeiten mit ihrem naiven Glauben an die Genauigkeit seines Hellsehens bereiten. Die Öffentlichkeit hält Hellsehen für eine von zwei Möglichkeiten: Entweder kann man damit Geister sehen oder in die Zukunft schauen – oder beides. Das Geistersehen ist jedoch nicht so einfach, wie Uninformierte glauben, und die Vorausschau hat auch ihre Tücken. Es gibt wenig Hellseher, die immer wieder in die Zukunft sehen können. Man muss nämlich bedenken, dass die Tatsache, ein Hellseher zu sein, keineswegs garantiert, dass die Vorausschau immer gelingt. Dies ist abhängig von der Art der hellseherischen Kräfte, die man entwickelt.

Wahrsagen

Man wird in jedem Fall von solchen Menschen belagert werden, die die Zukunft voraus gesagt haben wollen. Sollte es einem gegeben sein, in die Zukunft zu sehen, gilt es zu entscheiden, ob es richtig ist, diese Fähigkeit für diesen Zweck einzusetzen. Das ist nicht einfach; viel hängt von den Lebensumständen ab! Als allgemeine Regel kann jedoch gelten, dieses Talent eher sparsam einzusetzen.

Es gibt verschiedene Mittel, durch die der Hellseher seinen Blick auf die Zukunft richten kann, wie z. B. Kaffeesatz oder in der Tasse zurückgebliebene Teeblätter. Selbstverständlich kann man auch die Tarotkarten, das Wahrsagen aus Sandfiguren oder das *I Ging* benutzen, um hellseherische Kräfte zu wecken und sie in Richtung Vorausschau zu lenken. Die Kraft all dieser Methoden liegt bei dem Menschen selbst, *nicht* in den Teeblättern, dem Kaffeesatz, den Tarotkarten, den geomantischen Figuren im Sand oder in den Positionen, die sich aus der Anzahl Stäbchen beim *I Ging* ergeben.

Es gibt einen sehr guten Test, dem man sich unterziehen sollte. Sagt man die Zukunft denjenigen voraus, die einen mit all ihren Hoffnungen, Ängsten und Zweifel konsultieren, entsteht eine enge Bindung zu deren Leben. Das leiseste Wort wird für viele von ihnen zur Stimme der Wahrheit, und sie werden versuchen, ihr Leben nach der gegebenen Weissagung auszurichten. Hat man das moralische Recht, die Stellung eines Orakels einzunehmen? Die gemachten Aussagen werden zu starken Suggestionen in den Gemütern der Klienten. Wird man in der Lage sein, die Verantwortung zu tragen, die man übernommen hat? Sollte ein Klient eine Wahrsagung missverstehen und Selbstmord begehen in der Überzeugung, dass ihn Unglück erwartet, wird man dann in der Lage sein, sich vor seinem eigenen Gewissen zu rechtfertigen? Diese und viele andere Probleme sind an die Frage des Weissagens geknüpft. Es gilt, die Sachlage sehr ernsthaft zu überdenken, bevor man zu einer Entscheidung kommen kann. Bei jeder Art von Hellsehen wird man nach und nach feststellen, wie vorsichtig man in seinen Interpretationen und Schlüssen sein muss.

Astrales Hellsehen

Nun kommen wir zu der Art von Hellsehen, die wir «astrales Hellsehen» genannt haben. Wir verstehen darunter das Wahrnehmen von offensichtlich lebendigen Wesen, die aber keinen physischen Körper besitzen.

Die *Devas* oder «Leuchtenden», «die Göttlichen» der keltischen Tradition, die Wasser- und Waldnymphen und die Oreaden des griechischen Glaubens, das Märchenvolk und die Elementargeister, sie alle leben und besitzen ein Wesen in den ätherischen und astralen Bereichen. Einige dieser Wesen werden einem sicher begegnen, wenn man mit dem Hellsehen beginnt. Ihre Aktivitäten bilden ein faszinierendes Untersuchungsfeld für den forschenden Hellseher.

In diesem Bereich hellseherischer Arbeit muss man grösste Vorsicht walten lassen. Man wird nämlich Kontakt mit

Lebewesen verschiedenster Art haben, und nicht alle sind uns Menschen freundlich gesinnt. Man wird, solange man noch ungeübt ist, auch Kraft entwickeln müssen, um dem Zauber, den einige dieser Wesen über einen ausüben können, zu widerstehen und ihnen nicht zu verfallen.

Die Beschaffenheit dieses astralen Reiches, ist von unserer physikalischen Welt in hohem Mass verschieden. Dies kann beim ersten hellseherischen Abenteuer grosse Verwirrung stiften. Hier auf der Erde ist alles fest, deshalb muss man, will man zum Beispiel ein Haus bauen, viele verschiedene Teile von einem Ort zum anderen bewegen, Steine, Dachziegel, Balken, Zement usw. Ob wir nun mechanische Hilfsmittel oder unsere eigenen Körperkräfte benutzen, wir müssen ständig gegen das arbeiten, was wir Gewicht und Trägheit der physischen Materie nennen. Im astralen Bereich liegen die Dinge völlig anders, die Substanz jener Welt ist nicht so dicht und träge, sondern auf eine bestimmte Weise plastisch und durch die Kraft der Gedanken und der Sehnsucht geformt. Die astrale Welt, die man zu sehen beginnt, wenn sich das Hellsehen in diese Richtung entwickelt, ist aus den Gedanken und Gefühlen derer aufgebaut, die sie bewohnen.

Es gibt Wesen, die nur in diesen astralen und ätherischen Bereichen leben. Sie schaffen sich ihre eigene Umgebung und ihre eigenen Verhältnisse. Sie sind deshalb für den menschlichen Geist nicht wahrnehmbar, bis dieser darin geübt ist, solche nicht-menschlichen Äusserungen zu erkennen.

Aufgrund der «verformbaren» Natur der astralen Wesen ist es für den, der gerade damit beginnt, sein spirituelles Sehen zu entwickeln, sehr schwierig, sich dort zurecht zu finden. Deswegen, aber auch aufgrund seines irdisch konditionierten Bewusstseins wird er ohne jeden Zweifel viele Fehler machen, bevor er richtig versteht, was er in seinen Visionen erblickt.

Nichtmenschliche Intelligenz

Die nichtmenschlichen Verstandeswesen des astralen Bereichs haben keine dem Menschen ähnliche Gestalt, aber sie *haben* ihre eigene Gestalt, auch wenn diese nicht mit irdischen Begriffen umschreibbar sind. Wenn der hellsichtige Mensch in Kontakt mit diesen nichtmenschlichen Wesen kommt, gibt sein Bewusstsein ihnen «eine Gestalt und einen Namen». Es sind meistens traditionelle Figuren. So wird das elementare Leben der vier Formen der Materie, die vier Elemente genannt, im Mittelalter in der Gestalt der Gnome, der Sylphen, Undinen und Salamander dargestellt. In anderen Nationen und zu anderen Zeiten erhielten sie von den Menschen andere Namen, und Shakespeares *Mittsommernachtstraum* hat zahllosen Theaterbesuchern unzählige «Märchengestalten» nahegebracht, die dann in deren Vorstellungen zu leben begannen. Die Elementargeister eignen sich solche Formen schnell an und benutzen sie, so dass es vorkommen kann, dass sie vom Hellseher in diesen Gestalten gesehen werden.

Deshalb wird das grosse astrale Reich in vieler Hinsicht und mit Recht die «Welt der Illusion» genannt. Diese Illusionen halten sich in den *künstlich geschaffenen Erscheinungen* dieser Welt auf. In sich selbst ist diese Welt jedoch genauso wirklich wie jeder andere Bereich der Natur.

Wir haben diese kurze Schilderung der astralen Welt gegeben, damit ein erster Eindruck von deren verblüffenden Vielfalt entstehen kann. Für den Zweck, den dieses Buch erfüllen soll, ist es aber nicht nötig, mit einer detaillierten Schilderung des astralen Reiches fortzufahren. Solange man nicht spezielle spirituelle Erforschungen betreibt, braucht man diese Einzelheiten nicht zu kennen – doch je mehr man *weiss*, um so besser kann man seine Gabe nutzen.

Spirituelles Hellsehen

Wir kommen nun zur letzten möglichen Art des Hellsehens, dem «spirituellen Hellsehen». Bevor wir uns mit dieser Art Sehen beschäftigen, wollen wir noch über das Wort «spirituell» nachdenken, weil es sehr oft völlig falsch verstanden wird. Es gibt verschiedene Schulen, die, wie wir glauben, ein sehr fragwürdiges Lehrgebäude auf diesen Missverständnissen aufgebaut haben. Auch wenn wir annehmen, dass etwas «wahr» sei, können wir in diesen Bereichen nur unseren eigenen *Glauben* weitergeben, da es zu diesen Wahrheiten mancherlei Zugang gibt.

Wir möchten, dass der Leser die Ideen, die wir nun vor ihm ausbreiten, unvoreingenommen betrachtet. Die übliche Auffassung von Geist ist bei denen, die seine Realität anerkennen, die, dass der Geist der Materie entgegengesetzt ist und sich von ihr unterscheidet, vor allem von der Materie der stofflichen Welt und des stofflichen Körpers, den wir in ihr bewohnen. Diese Idee des totalen und vollständigen Gegensatzes von Geist und Materie ist eine Lehre, die sich in das Christentum schon in dessen frühester Zeit einschlich und bis heute gilt. Einst war die Überzeugung der frühen Kirche das, was heute als Manichäische Häresie bekannt ist. Ihr Begründer war ein Lehrer, Mani mit Namen, der schliesslich durch die Hand der Priester des persischen Zoroastrismus den Tod fand. In der Geschichte des Abendlandes tauchte diese Vorstellung in dem puritanischen Klima wieder auf, das dem religiösen Bewusstsein des 16. und 17. Jahrhunderts die Lebensfreude raubte. Ist die Materie tatsächlich so schlecht und dem Geist auf ewig entgegengesetzt, so ist das Beste, was ein gläubiger Mensch tun kann, der Materie den Rücken zukehren und sich völlig auf die Tugenden des Geistes zu konzentrieren. Vor allem muss er die natürlichen Instinkte seines physischen Körpers zurückweisen und unterdrücken, dieses «gemeinen» Körpers, wie er ihn dann sehen muss.

Zu allen Zeiten, innerhalb und ausserhalb des Christentums, hat es Menschen gegeben, die diese niedrige und pervertierte Art Leben zurückwiesen. Manchmal haben sie ihre Ablehnung übertrieben, so dass die ausserordentlich lockeren Sitten, die sie verdrängten, nicht schlechter waren wie die überstrengen, die sie dafür einsetzten.

Die Denkweise, der wir unsere Treue, unsere Tapferkeit, Vernunft und wirkliche Spiritualität schenken, liegt zwischen diesen Extremen. Alle *materiellen Dinge,* so glauben wir, sind so gut und so heilig wie die *spirituellen Dinge.* Es gibt keine ewige Feindschaft zwischen Geist und Materie; sie sind die zwei Pole sich manifestierender Existenz, und es ist der *ausgewogene* Gebrauch beider Prinzipien, des materiellen wie des geistigen, in dem die Möglichkeit des Fortschritts liegt. Wirkliche Spiritualität heisst also nicht, die materielle Welt und alle ihre Angelegenheiten zurückweisen, den eigenen materiellen Körper mit all seinen wundervollen Instinkten und Mechanismen zu unterdrücken und auf ihm herumzutrampeln, um sich allein auf die gewünschte «geistige Entwicklung» zu konzentrieren und dabei alle Pflichten gegenüber den Mitmenschen zu vernachlässigen. Man kann sich nicht völlig isolieren, kein Mensch ist eine Insel. Man kann sich aber aufgrund dieser Einstellung so sehr beschränken, dass man sich zu einem grossen Teil von den lebensspendenden Energien des Universums abschneidet. Diese Energien aber sind notwendig für ein gesundes Leben.

Man mag sich fragen, was dies alles mit dem Erlernen des Hellsehens zu tun hat? Es stimmt, dass man seine hellseherischen Fähigkeiten auch ohne jeden religiösen oder moralischen Hintergrund entwickeln kann; psychische Kräfte haben nichts mit moralischen oder religiösen Regeln zu tun. Tatsache ist, dass viele von uns nach jahrelanger Beschäftigung damit glauben, dass einige der stärksten Gegner der existierenden Moral und Ethik natürliche Seher sind – ohne dies zu wissen – und deswegen telepathischen Belastungen und Versuchungen ausgesetzt sind, die ein nichtmedialer Mensch gar nicht spürt. Man kann also diese mentalen Fähigkeiten ohne religiöse oder ethische Normen entwikkeln, weil sie genauso auf natürliche Kräfte beruhen wie die physischen Sinne.

Hellsehen: eine natürliche Kraft

Jeder von uns besitzt diese Fähigkeit, doch wie nahe sie daran ist, aus dem Unterbewussten aufzusteigen, ist eine andere Frage. Bei einigen Menschen sind sie nahe an der Oberfläche, bei anderen dagegen liegen sie so tief, dass die Zeit, die nötig wäre, um sie ins Wachbewusstsein zu bringen, besser für andere Bestrebungen genutzt wird. Hier kann eine Analogie helfen. Wir betrachten den Fall zweier Menschen, von denen der eine mit starkem musikalischem Talent, der andere ohne jede musikalische Begabung geboren wurde. Im ersten Fall werden nur wenige Musikstunden den Menschen als glänzenden Musiker ausweisen, der andere wird jedoch vielleicht auch nach zwanzig Jahren Musikunterricht noch unmusikalisch sein. Die Zeit, die in diesen nichtigen Anstrengungen verschwendet wurde, wäre besser zu einem anderen Zweck genutzt worden. Genauso ist es mit der hellseherischen Fähigkeit. Sie ist eine *natürliche* Kraft. Falls es so aussieht, als hätten wir das überbetont, so doch nur deswegen, weil es die irrtümliche Vorstellung gibt, dass die hellseherische Kraft «ein Geschenk der Götter» sei. Würden wir von medialen Gaben reden, so hiesse dies, diesen Irrtum aufrechtzuerhalten. Die fehlerhafte Übersetzung eines Briefabschnitts des hl. Paulus an die Korinther spricht von «göttlichen Gaben»; eine bessere Übersetzung wäre «übersinnliche Gaben». Es scheint auch, als beziehe sich der hl. Paulus auf die *Manifestation* dieser Kräfte als nur unter dem Einfluss des Hl. Geistes möglich. Christliche Theologen reden meist von Charisma oder «Begabung» und bestärken damit diese Idee des Wesens der psychischen Kräfte. Selbstverständlich verwenden wir diesen Begriff etwas unüberlegt, wenn wir von dieser oder jener Person sagen, sie sei ein begabter Musiker oder Künstler, oder dass jemand für eine bestimmte politische oder berufliche Tätigkeit besonders geeignet sei. Wir denken hier in Mustern der alten Griechen und Römern; die Götter gaben den Menschen Fähigkeiten und sehr oft schienen Gründe für ihr Tun unlogisch und willkürlich. Man versuche, sich über diese alten Denkmuster klar zu werden. Dann erst wird man sich neue, klarere Vorstellungen von der Sache machen können.

Letztendlich stammt alles Leben, alles Bewusstsein, stammen alle Fähigkeiten vom Göttlichen, aber jede Arbeit untersteht unveränderlichen natürlichen Gesetzen. Es gibt nur etwas Übernatürliches im Universum, und das ist Gott, «den die Natur nicht geformt hat, von dem aber alle Natur kommt und regiert wird». So sind unsere seelischen Kräfte natürliche Kräfte. Wenn wir diese Vorstellung fest im Kopf haben – deshalb haben wir sie so oft wiederholt – und wenn wir unsere Sprache so benutzen, dass wir uns von den alten Ausdrucksweisen entfernen, dann werden wir kaum noch gefährdet sein, eine falsche Vorstellung von uns selbst zu haben. Wir sind nicht von Gottes Gnaden auserwählt, einer einzigartigen Gabe teilhaftig zu werden, wir sind lediglich in der Lage, eine andere Bewusstseinsstufe zu erfahren. Dies hat weder mit unserem persönlichen Charakter zu tun, noch ist es in irgendeiner Weise ein Ersatz für Religion. Deswegen wollten wir weder damit prahlen, dass wir mit unserer Begabung arbeiten können, noch sollten wir dem Irrtum verfallen, zu meinen, dass der Besitz dieser Fähigkeit ein hohes spirituelles Niveau anzeigt. Es muss betont werden, dass die *Reichweite* unserer psychischen Kräfte von unserer moralischen Entwicklung *abhängt.* Wir können nur hören, was wir empfangen können, um es einmal in der Sprache des Radios zu sagen.

Übungen

Wie in jeder Wissenschaft, jeder Kunst und jedem Handwerk gibt es bestimmte Wege und Techniken, um voranzukommen. Wir müssen sie anwenden, wenn wir in unseren Bestrebungen nach wachsendem Hellsehen Erfolg haben wollen. Das grosse Problem in dem ganzen Bereich spirituellen Trainings ist dessen Zugehörigkeit zu verschiedenen religiösen und kulturellen Vorstellungen. Wir wollen damit nicht sagen, dass all diese Umstände und Bemühungen ohne Nutzen wären: tatsächlich sind einige von ihnen von grosser Hilfe. Es gibt also bestimmte Grundzüge, und mit ihnen wollen wir uns in diesem Kapitel beschäftigen. Stellt der Leser fest, dass es ihm hilft, seine Kräfte besser zu entwickeln, wenn er das Folgende in einen religiösen oder philosophischen Zusammenhang stellt, so soll er dies ruhig tun. Er soll aber nicht, wie so viele andere, mit Verachtung und Missbilligung auf jene hinunterschauen, die meinen, ohne philosophische oder religiöse Hilfe auszukommen. Man denke an das Sprichwort: «Jedem seinen eigenen Meister, denn wer bist du, eines anderen Diener zu richten? Vor seinem eigenen Meister besteht oder fällt er!»

Wie gesagt, ist das Hellsehen eine ganz und gar natürliche Kraft und hat nichts mit Moral, ethischen oder religiösen Lehren zu tun – genausowenig wie unser Sehvermögen davon abhängt, ob wir der katholischen Kirche oder dem Hinduismus angehören. Das bedeutet, dass das Singen von Psalmen und die Anwendung verschiedener Gebetsrituale an sich nicht notwendig ist. Gleichzeitig aber ist solch eine Praxis für uns *wirklich,* wenn sie für uns eine bestimmte Bedeutung hat; dann kann sie sehr wichtig sein. Auf den *ersten* Stufen der

Entwicklung sammelt das Beten grosse Kräfte und bringt uns jener Realität näher, die wir bis dahin nicht bemerkt hatten. So kann ein Gebet von grosser Hilfe sein.

Volkswissen und Magie

Am Anfang unseres Lernens sind wir auf allerlei Arten Hilfe angewiesen. Sind wir dann fortgeschritten, werden wir merken, dass wir auf manche Unterstützung verzichten können. Ein bedächtiger Blick auf das Überlieferte, das sich auf die Ausbildung der psychischen Fähigkeiten bezieht, zeigt schnell, dass sehr viel davon aus den magisch-religiösen Traditionen des Mittelalters kommt. Einiges stammt aus sehr altem Volkswissen, während andere Teile aus den fortgesetzten von «verhinderten Messdienern», wie die Hellseher manchmal genannt werden, unternommenen Versuche resultieren. Die magisch-religiöse Tradition können wir getrost vergessen, weil sie für die Entwicklung des Hellsehens nicht wichtig ist. Das heisst nicht, dass wir die Magie schlecht machen wollen; wie könnten wir das auch, wo wir selbst verschiedene Bücher darüber geschrieben haben und einer magischen Bruderschaft angehören.

Darüber hinaus können wir uns auch von einem grossen Teil des Volkswissens über Hellsehen lösen. Einiges davon basiert auf Erzählungen von alten Frauen und ist durch Tatsachen nicht zu bestätigen. Diese alten Frauen haben einige wichtige Ratschläge aufbewahrt und niedergeschrieben. Diese können wir heute übernehmen und anwenden. Unglücklicherweise haben sie gleichzeitig sehr viel Unsinn und abergläubische Bräuche niedergeschrieben, von denen einiges noch heute für gültig gehalten wird. Nun kommen wir zu dem Teil, den wir von jenen erhalten haben, die persönlich die Anstrengung unternommen haben, ihre hellsichtigen Fähigkeiten zu entfalten. Da ihre Feststellung auch von ihrem persönlichen Temperament geprägt ist, haben wir in diesem Buch versucht, nur die Teile ihrer Erfahrungen zu übernehmen, von denen wir meinen, dass sie das Wesentliche der Sache erfassen.

Einigen Lesern ist vielleicht aufgefallen, dass wir eine sehr wichtige Quelle ausgelassen haben, so z. B. die Ausführungen in Büchern, die beanspruchen, von verschiedenen orientalischen Swamis, Gurus und Rishis geschrieben worden zu sein. Das geschah absichtlich. Wir kennen einige dieser östlichen Systeme relativ gut und haben darüber hinaus auch persönliche praktische Erfahrungen mit deren Methoden und den daraus resultierenden Ergebnissen gemacht. Aufgrund dessen sind wir fest davon überzeugt, dass die Übungen und Lehren, wie sie in vielen solcher Bücher zu finden sind, leicht irreführend und schädlich sein können. Diese Methoden bedürfen, um sicher und sinnvoll genutzt zu werden, der *persönlichen Aufsicht* eines *Gurus* oder Lehrers, der weiss, was er tut und in der Lage ist, die Übungen seines *chela* oder Schülers zu überwachen. Ist das möglich, können östliche Methoden gefahrlos angewandt werden, obgleich man auch unter diesen Bedingungen feststellen mag, dass die grossen psychologischen Unterschiede zwischen Ost und West einige Schwierigkeiten und Komplikationen mit sich bringen können.

Die drei Arten von Bewusstsein

Nachdem nun einige Grundlagen geklärt sind, werden wir jetzt wiederholen, was bereits über die Entwicklungsgrundlagen gesagt worden ist. Wir sind davon überzeugt, dass unser Bewusstsein, wie Gallien zur Zeit Caesars, in drei Teile aufgeteilt ist. Diese sind das Wachbewusstsein, das Unterbewusste und das Überbewusste. Weiter können wir das Unterbewusste unter zwei Aspekten betrachten: dem *persönlichen Aspekt* des Unterbewussten und dem viel tieferen und sehr viel ausgedehnteren Bereich, den wir mit allem empfindenden Leben dieser Erde teilen. Dieses tiefe Niveau ist das kollektive Unbewusste, das der grosse Psychologe C. G. Jung und seine Schüler beschrieben haben. Betrachten wir hier jedoch zuerst die ersten beiden Teile der Psyche, dann heisst psychische Entwicklung, einige Brücken zwischen dem normalen Wachbewusstsein und dem persönlichen Unbewussten schlagen.

Es gibt eine Barriere oder Abgrenzung zwischen diesen beiden Teilen der Psyche, die aus den Bedingungen entstanden, aus denen sich menschliches Bewusstsein entwickelt hat. Die Verbindungen, die die psychische Entwicklung zu vollziehen in der Lage ist, müssen dieses Hindernis überwinden, damit die Folgen inneren Hellsehens zum Wachbewusstsein aufsteigen können.

Diese Resultate kommen durch verschiedene Sinne zustande, doch ist es üblich, und die Tradition hat dies beibehalten, dass es nur *einen* psychischen Wahrnehmungssinn gibt. Aber genauso wie alle unsere fünf physischen Sinne Modifikationen des wichtigsten physischen Sinnes, des Tastsinnes sind, sind die psychischen Fähigkeiten des Hellsehens, Hellhörens und der Hochempfindsamkeit Modifikationen und Ausdrucksweisen der einen spirituellen Wahrnehmung.

Der Erfolg bei der Entwicklung des Hellsehens hängt davon ab, dass man seine spirituellen Wahrnehmungen in eine visuelle Form bringt. Will man seine Hellhörigkeit ausbilden, muss man versuchen, seine Wahrnehmung in subjektiven Tönen und Worten umzusetzen. Ein grosser Teil mühsamer Arbeit entfällt bei der Ausbildung des Hellsehens, wenn man eine natürliche Gabe für das *Visualisieren* hat, oder wenn man im Aufbauen klarer Bilder in seiner Psyche geübt ist. Einige Menschen haben diese Fähigkeit der mentalen Visualisierung in ausserordentlich grossem Mass. Wir erinnern uns an ein Mädchen, dem wir vor vielen Jahre begegneten. Es war zwischen fünf und sechs Jahren alt und besass eine ungeheure Gabe, sehr klar umrissene Bilder zu malen. Als wir sie fragten, wie sie dies mache, sagte sie: «Ich denke und dann male ich eine Linie um meinen Gedanken.» Rosalind Heywood erwähnt die gleiche Kraft in ihrem Buch: *The Infinite Hive.* Ihr Sohn benutzte sie bei seinen Schularbeiten. Diese Kraft, ein geistiges Bild so klar zu entwerfen, als existierte es tatsächlich ausserhalb der Gedanken, besitzen viele Künstler. Unglücklicherweise geschieht dies auch bei einer bestimmten Gruppe seelisch gestörter Menschen, aber ungewollt. Weil solche unwillkürliche Gesichter und Stimmen ein allgemein übliches Symptom geistiger Verwirrung sind, bestehen in diesem Zusammenhang alle seriösen Schulen darauf, solch unwillkürliche Projektionen bei ihren Schülern niemals zuzulassen. Wiederholte Untersuchungen haben jedoch ergeben, dass in *einigen* Fällen, als Geisteskrankheiten diagnostiziert wurde, tatsächlich ein spirituelles Moment im Spiel war, und dass manches, was einige dieser Menschen in ihren Visionen sahen, ausgesprochen typisch für hellseherische Wahrnehmungen war. Vielleicht werden sich einige der erleuchteten Mitglieder der Jungschen Schule dieses Randphänomens annehmen.

Der Psychoanalytiker Freud schrieb an Dr. Ernest Jonas, dass er, wenn er noch einmal Zeit hätte, sich mit Spiritualismus beschäftigen würde. C. G. Jung *hat* sich mit grossem Interesse damit befasst.

Bewusste Visualisierung

Sollte man feststellen, dass das eigene Denken üblicherweise nicht auf visueller Ebene geschieht, wird man sich in bewusster Visualisierung üben müssen. Der folgende Hinweis kann uns ein grosses Mass unsinnigen Ärgers ersparen. In vielen Büchern über das Visualisieren wird der Anfänger aufgefordert, sich eine geometrische Form auszusuchen, z. B. einen Kreis, ein Viereck oder ein Dreieck und dann zu versuchen, diese Form «vor seinem geistigen Auge» wieder aufzubauen. Das kann man machen. Viel einfacher dagegen ist es, ein Bild mit einigen verschiedenen Details zu benutzen, so dass der Geist dann von einem Detail zum anderen wandern und so, ohne gelangweilt zu werden, visuelle Kräfte entwickeln kann. Es ist diese geistige Langeweile, die hinter der graduellen Verschlechterung der Vermutungen stehen mag, die die Versuchspersonen von Dr. Rhine mit den von ihm verwendeten Zener-Karten machten. Dabei wurde festgestellt, dass eine Versuchsperson, die gerade die Karten völlig korrekt vorausgesagt hatte, nach und nach die Fähigkeit dazu verlor, und dies ist vielleicht dieser Langeweile zuzuschreiben.

Es kann vorkommen, dass man sich einer Szene oder eines Objektes mit Hilfe von dem erinnert, was man einen geistig ablaufenden Kommentar nennen könnte. Anstatt einen Farbflecken vor dem geistigen Auge zu haben, hat man einfach ein Wort im Sinn, das die Farbe beschreibt. Ist dies der Fall, so ist kein Grund zur Traurigkeit. Man soll vielmehr damit fortfahren, die *seherische* Kraft zu festigen. Eine der angenehmen Seiten dieser Übungen ist, dass man sie zu jeder Zeit machen kann. Man wird feststellen, dass die Wachheit für die Umgebung durch dieses Üben sehr viel grösser wird, eine Fähigkeit, die auch für das normale Leben von grossem Wert ist.

Wir setzen voraus, dass der Leser entweder durch Veranlagung oder durch Übung sehr gut sieht und dass er klare visuelle Bilder heraufbeschwören kann. Man kann diese Bilder entweder im Kopf behalten, vor dem Schwarz der geschlossenen Augen sehen oder sie nach aussen projizieren und sie dann auf der Oberfläche eines Kristalls, eines Spiegels oder etwas Ähnlichem sehen. Viel Wert legen manche Autoritäten auf den Gebrauch eines Kristalls. Dieser muss aus Bergkristall sein, obgleich einer aus Glas auch erlaubt ist. (Heute gibt es sogar Kristallkugeln aus transparentem Plastik zu kaufen.) Die Kugel muss von demjenigen, der sie benutzen will, in einer bestimmten magischen Zeremonie magnetisiert werden; die Kugel muss in Seide gewickelt aufbewahrt werden und darf keinem starken Licht ausgesetzt werden. Manchmal wird empfohlen, den Kristall in einen Reif aus Ebenholz zu setzen, auf dem mit goldener Farbe die 12 Zeichen des Tierkreises gemalt sind. Andere Hellseher lehren, dass der Kristall einem bestimmten Geist gewidmet werden soll. Alle diese Ratschläge können, vor allem in der Form, in der sie meistens gegeben werden, sehr irreführend sein. Es gibt jedoch einen bestimmten Grund für diese

Anweisungen. Wir wollen die eben gegebene Liste neu aufstellen. Wenn wir den Kristall, den wir uns gekauft haben, aufnehmen und prüfen, so verbindet diese Überprüfung in unserer Vorstellung die Kugel mit uns selbst und mit dem Zweck, zu dem wir sie gekauft haben. Wenn wir eine genaue Vorstellung haben, für welche Arbeit wir die Kugel verwenden wollen, werden wir sie dem entsprechenden Geist widmen. (Es wird von den Geistern gesagt, dass sie nur über bestimmte Phasen der Arbeit herrschen; der Geist des Mars, z. B., regiert über die kriegerischen Geschehnisse, der Geist des Merkur über die intellektuellen Vorgänge.) Um psychische und geistige Verwirrung zu verhindern, die durch Gedanken und Gefühle entstehen, die geweckt werden könnten, wenn jemand den Kristall bei uns sieht, halten wir ihn besser bedeckt und ausser Sichtweite.

Wir behaupten nicht, dass es keine weiteren spirituellen Gründe für alle diese Instruktionen gibt. Sie sind Teil eines viel grösseren Zusammenhangs, in dem Kristalle und Spiegel eine grosse Rolle spielten und noch spielen. Für unsere jetzigen Zwecke braucht man diese Gründe jedoch nicht zu kennen. Alle diejenigen, die, wie wir selbst, geborene Ritualisten sind und in Zeremonien eine grosse Konzentrationshilfe finden, können, wenn ihnen danach ist, alles tun, was in diesen Anweisungen empfohlen ist. Diejenigen aber, denen solche Methoden zuwider sind, brauchen lediglich den von uns beschriebenen mentalen Zugang zu beachten.

Bisher haben wir nur den Kristall erwähnt. Angenommen aber, man kann sich keinen Kristall leisten – ein guter Kristall kann nämlich sehr teuer sein, und auch einer aus Acryl ist nicht billig –, was kann man dann benutzen? Glücklicherweise gibt es genug Ersatzmöglichkeiten, die genauso wirkungsvoll oder sogar besser als ein Kristall sein können. Einige davon sind:

1. Eine Sandscheibe.
2. Ein Stück weisse Pappe, in deren Mitte eine grosse

schwarze Scheibe mit matter schwarzer Farbe aufgemalt wurde.
3. Ein schwarzer Spiegel.
4. Eine flache schwarze Schüssel, die zur Hälfte mit Tinte oder einer anderen dunklen Flüssigkeit gefüllt ist.

Die Herstellung einer Sandscheibe

Für eine Sandscheibe braucht man ein Stück starke weisse Pappe von ca. 18 cm^2, in dessen Mitte mit einem Zirkel ein Kreis von ca. 13 cm Durchmesser gezeichnet wird. Das Innere des Kreises bestreicht man mit Gummileim (nicht mit modernem Harzkleber). Während der Gummi noch feucht ist, bestreut man ihn mit feinem Sand. Es muss nicht Sand sein, jedes kristalline Farbpulver ist möglich. Ist alles getrocknet, wischt man den losen Sand ab. Das alles hört sich leicht an, man braucht aber ein gewisses Geschick und wird wahrscheinlich einige Versuche machen müssen, bis man eine Scheibe hat, mit der man zufrieden ist. Die Sandscheibe hat einen nützlichen Vorteil: Sie produziert keine unscharfen Reflexionen, wie sie bei dem Kristall oder einem Spiegel auftreten können. Diese Spiegelungen umliegender Gegenstände können für manchen Menschen sehr verwirrend sein, obgleich sie für andere zu Punkten werden, die die Visionen formen.

Die schwarze Scheibe auf weissem Grund ist schnell gemacht. Ein Kreis, wie der für die Sandscheibe, wird auf ein grosses Stück weissen Karton gezeichnet und schwarz ausgemalt, am besten mit einem Filzstift.

Der schwarze Spiegel

Der schwarze Spiegel ist ganz leicht herzustellen. Wir besitzen einen, der sehr gut funktioniert und auf folgende Weise hergestellt wurde: Von einem Uhrmacher besorgt man sich ein rundes Uhrenglas. Diese konvexe Glasscheibe wird benutzt, um das Zifferblatt abzudecken. Der Durchmesser sollte ungefähr 8 cm betragen, es geht aber auch jede andere Grösse innerhalb vernünftiger Grenzen.

Die eine Seite, die *konvexe,* wird nun mit schwarzer Farbe oder Lack bemalt. Am besten streicht man ein zweites Mal, nachdem die erste Schicht gut getrocknet ist. Als nächstes braucht man nun etwas, auf das man den Spiegel montieren kann. Wenn man selbst Holz zu bearbeiten versteht, oder einen Freund mit diesen Fähigkeiten hat, hat man die Möglichkeit, eine flache Schale herzustellen, in die der Spiegel eingesetzt wird. Man sollte rundherum einen Rand von 2,5 cm Dicke stehen lassen. Diesen Rahmen kann man beizen oder anmalen. Wir empfehlen allerdings eine gedeckte Farbe, *kein* leuchtendes Rot oder Gelb. Auch kann man die Umrahmung mit goldener Farbe anstreichen. Es ist am einfachsten, den Spiegel in einer alten Möbelpoliturbüchse zu fassen. Unser eigener Spiegel ist in eine Büchse von rund 8 cm Durchmesser eingebaut. In dieser Büchse wurde er auf einen Gipsring aufgesetzt. Wir haben einmal vor vielen Jahren schwer verdientes Geld für einen schwarzen Spiegel bezahlt, der in einen Metallbehälter mit goldenen Tierkreiszeichen eingesetzt war. Eines Tages fiel der Spiegel aus der Fassung. Dabei fanden wir im Inneren des Behälters die Aufschrift «Pfirsichblütenschuhcreme». Wir berichten diesen Vorfall hier, weil er bestätigt, was wir bereits gesagt haben, nämlich: der Kristall, der Spiegel und die Scheibe haben keine eigenen inneren Kräfte, zumindest soweit es uns hier interessiert. Sie sind einfache selbstbestätigende Methoden, mit denen die spirituellen Wahrnehmungen vom Unbewussten ins Wachbewusstsein gebracht werden können. Die letzte Methode, die Schale mit der dunklen Flüssigkeit, haben wir ausgelassen. Die Tintenpfütze ist vor allem im Mittleren Osten gebräuchlich. Die Methode funktioniert durchaus, es gibt jedoch Spiegelungen auf der Oberfläche, und die Dinge sind nun einmal so, wie sie sind: Es gibt ein Berufsrisiko – die verschüttete Tinte.

Zuletzt sei noch angemerkt, dass einer der besten Hellseher, dem wir je begegneten, seine hellseherischen Fähigkeiten an einem lackschwarzen Teetablett ausbildete, das an einem Draht aufgehängt war. Betrachtet man die Ergebnisse, muss man sagen, dass es gute Dienste geleistet hat.

Geistige Vorbereitungen

Es gibt einige Bedingungen, die beachtet werden müssen, wenn man sich entschieden hat, mit den Sitzungen zur hellseherischen Entwicklung zu beginnen. Die erste und wichtigste ist die Gemütsverfassung, in der man die Arbeit beginnt. Es ist nicht nötig, dass man all den Legenden und Mythen, die sich um unseren Gegenstand herum gebildet haben, Glauben schenkt. Man darf der ganzen Sache gegenüber durchaus skeptisch sein. Doch nützt es wenig, wenn der Zugang zum Hellsehen der Einstellung eines sterbenden Atheisten entspricht, von dem berichtet wird, dass er betete: «O Gott – wenn es einen gibt – rette meine Seele – wenn ich eine habe!» Im schottischen Recht gibt es die Gerichtsentscheidungen: «Schuldig», «Unschuldig» und «Schuldbeweis nicht erbracht». Beginnt man die hellseherische Arbeit mit der Einstellung, alles zu akzeptieren, was auch immer geschieht, und es in der aufgezeigten Weise durchführt, wird vieles, was man am Anfang wahrnimmt und als *unentschieden* einordnen muss, sich später als *richtig* oder *falsch* erweisen. Wir empfehlen daher, diesen Weg des persönlichen spirituellen Wissens mit einem offenen Geist anzutreten, nicht gebunden an irgendein Dogma, sondern bereit, jedes mögliche Ergebnis anzunehmen. Diese Einstellung ist sehr wichtig, denn nur unter dieser Bedingung erlaubt das Unbewusste den spirituellen Eindrücken, in das Bewusstsein aufzusteigen.

Das Protokollführen

Soviel zu der vorbereitenden Geisteshaltung. Der nächste wichtige Punkt ist die Frage des Protokolls.

Wenn man wirklich ernsthaft auf diesem Gebiet arbeiten will, ist es unerlässlich, vom ersten Moment an ein genaues Protokoll über alles zu führen, was sich in jeder Sitzung ereignet hat. Es kann sein und ist sogar wahrscheinlich, dass während vieler Sitzungen nur sehr wenig oder gar nichts geschieht. Dadurch sollte man sich jedoch nicht vom Protokollführen abhalten lassen. Ob sich nun hellseherische Visionen einstellen oder nicht; es gibt auch andere Details, die festgehalten werden sollten. Sie werden einem wahrscheinlich dabei helfen, herauszufinden, warum man manchmal starke hellseherische Eindrücke hat, manchmal jedoch gar nichts sieht.

Diejenigen unter uns, die sich seit langem mit dem Hellsehen beschäftigen, haben herausgefunden, dass es einen gewissen Zusammenhang zwischen den Mondphasen und der Aktivität spiritueller Kräfte gibt. Herrscht zunehmender Mond, so scheinen die Kräfte leichter unter die Kontrolle unseres Willens zu bringen zu sein. Während der abnehmenden Phase erscheinen sie zwar, aber oft in chaotischen und unfertigen Formen und sind nicht für eine längere Zeitdauer unter den Willen zu zwingen. Aus diesem Grund neigt der erfahrene Hellseher dazu, die spirituellen Wahrnehmungen in dieser Periode mit einer gewissen Vorsicht zu betrachten. Es gibt Möglichkeiten, die Bilder zu überprüfen. Sie sind aber bei jeder Person verschieden und das Resultat einer sehr langen Geschichte von Versuchen. Im Lauf der Zeit wird man lernen, die Eindrücke, die man erhält, auf ihre Richtigkeit hin einzuschätzen. Es gibt jedoch noch einen subtilen Unterschied – wir wollen ihn hier nur kurz benennen –, den Unterschied, ob die Visionen, wie die Alten sagten, durch das «Tor aus Horn» oder durch das «Tor aus Elfenbein» eindringen.

Physikalische Bedingungen

Es ist wahrscheinlich unnötig, zu erwähnen, dass man keine guten Resultate haben wird, wenn man kurz vor der Sitzung eine Auseinandersetzung gehabt hat. Es gibt aber auch wiederkehrende Stimmungen, die uns fesseln und die der Entwicklung förderlich oder hinderlich sein können. Es ist deshalb von Vorteil, die Stimmungen, die kurz vor, während und nach der Sitzung auftraten, in unserem Protokoll zu verzeichnen. Vermutlich wird man nach einigen Übungsmonaten mit einem Blick auf diese Aufzeichnungen herausfinden, dass alles dies mit den Mondphasen zusammenhängt. Hilfreich kann es auch sein, Notizen über die vorherrschenden Wetterlagen zu machen. Alle diese Vorgänge haben einen Einfluss auf das Gemüt und die Gefühle. Wir kommen jetzt zu den Vorgängen, die den physischen Körper beeinflussen. Sie sind sehr wichtig, denn die physischen Wahrnehmungen können so stark sein, dass sie, vor allem zu Beginn der Entwicklung, die schwachen Wahrnehmungen, die vom Unterbewussten herkommen, verdecken können. Darüber hinaus hat die Verfassung des physischen Körpers einen grossen Einfluss auf die Gesinnung und die Gefühle.

Der erste und wichtigste Punkt ist, dass man sich *körperlich wohl fühlt.* Enge Kleidung, enge Schuhe, ein sehr harter Stuhl, die Position des Kristalls oder anderes, das Muskelanspannungen hervorruft, muss beseitigt werden, damit eine völlige Körperentspannung erreicht wird. Der Raum sollte angenehm warm sein, doch nicht stickig. Die Temperatur sollte aber nicht unter 16°C liegen, doch letztendlich ist die Temperatur eine Sache der persönlichen Vorliebe.

Es sollte vor den Sitzungen nur eine leichte Mahlzeit eingenommen werden. Nach einem grossen Essen führt das Fixieren der Kristallkugel eher zum Einschlafen als zu spirituellen Impressionen. Nach der Sitzung kann ein leichtes Essen sehr nützlich sein, es dämpft die spirituelle Wahrnehmung und führt zum normalen Bewusstsein zurück.

Das Einrichten eines Andachtsraums

Wo man sich zum Üben hinsetzt, hängt von den verfügbaren Räumen ab. Es ist zu vermuten, dass meistens kein spezieller Raum zur Verfügung steht. Das ist jedoch kein grosses Hindernis, solange man für die Dauer der Sitzung ruhig und ungestört sein kann. Manche Leute richten sich einen separaten Andachtsraum ein, in den sie sich zurückziehen können und wo sie alle Hilfen verwenden können, die ihnen nötig scheinen. Das entspricht wohl eher einem Bedürfnis nach Perfektion. In solch einem Andachtsraum kann man z. B. Bilder aufstellen, die symbolische Bedeutung haben und Weihrauch verwenden, der auch von Wert sein kann. Weihrauch hat sowohl eine symbolische als auch eine psychologische Bedeutung, denn er steht für das Assoziationsprinzip des Geistes einer vom Alltag getrennten Stimmung. Wenn er nur während der Sitzungen gebraucht wird, ist er für das Bewusstsein mit dieser Aktivität verknüpft. Wenn man dann den Andachtsraum betritt und Weihrauch anzündet, beginnt sich der Geist von selbst auf den Gegenstand der Sitzung zu konzentrieren. Steht aber kein separater Raum zur Verfügung, muss man nicht unbedingt Weihrauch verwenden; dies ist nicht wesentlich. Eine Tatsache aber muss noch in diesem Zusammenhang erwähnt werden. Man muss sich von allen Hilfsmitteln, die man am Anfang zu Recht verwendet hat, freimachen können, so dass es am Ende der Entwicklung möglich wird, auch unter normalen Bedingungen hellseherisch zu arbeiten. Derjenige Hellseher, der von bestimmten Umständen abhängig ist, um seine Gabe ausüben zu können, ist durch diese Abhängigkeit von äusserlichen Dingen eingeschränkt.

Das Licht sollte gedämpft sein. Einige verwenden rotes Licht, andere blaues, während wieder andere weisses Licht abdunkeln. Auch dies ist eine individuelle Entscheidung. Es darf in jedem Fall nur wenig Licht sein, so dass die umstehenden Gegenstände nur schwach zu sehen sind. Wenn man in seiner Ausbildung weiter fortgeschritten ist, darf es auch wieder heller sein. Zunächst aber ist es besser, wenn eine Irritation durch mögliche Spiegelungen in Kristall oder Spiegel vermieden wird.

Der Kristall oder jeder andere Spiegel muss so stehen, dass man ohne jede Anstrengung darauf schauen kann. Eine Belastung der Augen sollte ausdrücklich vermieden werden, weil dies ausserordentlich hinderlich sein kann. Normalerweise wird der Kristall von einem schmalen, schwarzen Standring ergänzt, man kann ihn aber auch ganz einfach in ein Stück Samt betten. Am besten setzt man die Kugel auf einen kleinen Tisch, der so aufgestellt ist, dass man, wie wir schon beschrieben haben, ruhig und ohne Anstrengung auf seine Oberfläche blicken kann. Wenn man will, kann man den Kristall samt Samtpolster auch in den Händen halten. Das kann jedoch dazu führen, dass man sich unbewusst darüber sorgt, die Kugel nicht fallen zu lassen. Diese Unruhe wird für die Übungen nicht günstig sein.

Physische und geistige Entspannung

Alle diese Bedingungen sind äusserlich; wie steht es mit der inneren Verfassung? Die Grundstimmung sollte eine ruhige und bestimmte Absicht sein, in der Sitzung für die Entwicklung des Hellsehens arbeiten zu wollen. Die Gefühle sollten so wenig aufgewühlt wie möglich sein und der Körper völlig entspannt. Diese letzte Bedingung wird oft übersehen, aber sie ist eine der wichtigsten Vorbedingungen für unsere Arbeit.

Es gibt viele Möglichkeiten, diesen physisch entspannten Zustand zu erreichen. Die Übung aber, die wir im folgenden erläutern wollen, ist nach unserer Einschätzung eine der besten.

Man setze sich mit geradem Rückgrat und atme tief durch die Nase ein. Man atme durch das Zwerchfell (dem grossen Muskel, der das Herz und die Lungen von den anderen Bauchorganen trennt) und dehne dann erst den Brustkorb, so lange, bis es ein voller Atemzug geworden ist. Flaches Atmen in der oberen Brust führt nicht zum gewünschten Resultat. Beim Einatmen konzentriere man sich auf den Scheitelpunkt des Kopfes. Dann wird langsam ausgeatmet. Dabei entspanne man mit Hilfe der Vorstellungskraft die Stirnmuskeln, dann die Gesichtsmuskeln, die Arme, den Rumpf, zuletzt die Beine und Füsse. Dies wird einige Male wiederholt. Wir empfehlen ein sechsmaliges Durchatmen.

Man wird feststellen, dass man zunächst dazu neigt, sich an dem Punkt, von dem die entspannende Aufmerksamkeit gerade gewichen ist, sofort wieder zu verspannen. Bald aber wird das Unbewusste dem Willen gehorchen und die gewünschte Entspannung herstellen.

Nun ist man soweit, den ersten Schritt zum Hellsehen zu versuchen.

Sehen

Nachdem wir nun die Theorie und die äusseren Bedingungen des Hellsehens so vollständig behandelt haben, wie der Umfang dieses Buches es zulässt, kommen wir zum eigentlichen Vorgang des Kristallschauens. Wir gehen davon aus, dass unseren Instruktionen gefolgt worden ist und man mit völlig entspanntem Geist und entspanntem Körper dasitzt und ruhig und ohne Anstrengung auf einen der vorhin beschriebenen Spiegel schaut. Für unsere Übung gehen wir davon aus, dass der schwarze Spiegel benutzt wird.

Das Kitzeln der Ameise

Das erste, was zunächst geschehen kann, ist, dass sich der Spiegel aus dem Blickfeld wegbewegt und man ihn nicht mehr scharf sehen kann. Daraufhin kehrt er sehr schnell zurück, und jedes Detail ist klar erkennbar. Dies kann zu Beginn der Versuche während eines Abschnitts oder der ganzen ersten Sitzung geschehen. Vielleicht erlebt man auch irgendwelche körperlichen Wahrnehmungen. Diese Wahrnehmungen fühlen sich oft wie ein Band, das fest um die Stirn gebunden ist, und wie ein seltsames Kratzen oder Kitzeln an der Nasenwurzel an. Dieses Kitzeln wird in manchen östlichen Büchern das «Kitzeln der Ameise» genannt – ein passender Name. Es fühlt sich tatsächlich so an, als würde ein kleines Insekt unter der Haut seines Weges ziehen. Der sich verändernde Brennpunkt der Augen und das enge Band mit dem kitzelnden Gefühl scheinen physischen Ursprungs zu sein. Das Verschwinden und Wiederkehren des Spiegels hat seinen Grund in einem Ermüden jener Muskeln, die das Fixieren des Brennpunkts mit den Augenlinsen regulieren. Wenn sie sich entspannen, fällt das Objekt, auf das man schaut, aus dem Brennpunkt heraus. Nach einer Weile spannen sich die Muskeln erneut an und fixieren das Objekt wieder. Das feste Band entsteht durch leichte Veränderungen der Blutzirkulation in der Stirn, während «das Kitzeln der Ameise» anzeigt, dass ein noch wenig bekannter Prozess der Schleimhaut eingesetzt hat. Man sei nicht entmutigt, wenn das zunächst alles ist, was in den ersten Sitzungen geschieht. Rom wurde nicht an einem Tag erbaut, und die spirituellen Eindrücke müssen sich erst ihren Weg vom Unterbewussten in das Wachbewusstsein bahnen.

Weitere Zeichen

Wenn man durchhält, werden andere Zeichen auftauchen. Eines der üblichsten ist, dass sich die Oberfläche des Spiegels mit Wolken überzieht, bis es so aussieht, als schaute man auf einen Vorhang aus grauem Nebel, der den Spiegel in seiner ganzen Ausdehnung bedeckt. Dann beginnt sich dieser Vorhang zu öffnen und in kleineren Wolken umherzuwirbeln. Blitzende Funken beginnen über den Spiegel zu stieben. In diesem Stadium kann man in seiner Entwicklung schnell zurückgeworfen werden, wenn man über die Tatsache, dass man etwas sieht, in Begeisterung ausbricht. Diese Aufregung kann sehr leicht die nötige ruhige Geisteshaltung zerstören und die zarten Verbindungen, die in der Tiefe des Unterbewussten aufgebaut worden sind, unterbrechen.

Wenn man aber ruhig bleibt, werden die Erscheinungen im Spiegel anwachsen und andere Formen annehmen. Fragmentarisches Aufleuchten farbenprächtiger Landschaften, ernste und fröhliche Gesichter und leuchtend farbige Wolken können sich zeigen. Doch wird man feststellen, dass es zu Beginn sehr schwer ist, eines dieser Bilder für länger als eine Sekunde festzuhalten.

Wenn diese Landschaften, Gesichter oder Farben auftauchen, heisst das offensichtlich, dass im Geist gewisse psychische Veränderungen stattfinden. Diese Veränderungen ermöglichen es den inneren Visionen, in das Wachbewusstsein zu gelangen. Diese Gesichte sind die «Neffen» jener flüchtigen Bilder, die von manchen Leuten beim Einschlafen oder beim Erwachen gesehen werden. Die Psychologen nennen sie schlafbedingte Bilder und nehmen an, dass sie aus dem Unbewussten stammen. Das ist wohl richtig, in unserem Zusammenhang aber sind es mehr als nur Bilder. Sie können Träger von Botschaften sein, die von den inneren Sinnen aufgenommene Informationen enthalten. Sie sind Wachträume und haben ihre spezielle Bedeutung.

Passives Sehen

Hat man diese Stufe erreicht, hat man angefangen, Hellsehen zu entwickeln. Man wird einen entsprechenden Trick herausfinden, wie man den Geist in einer ruhigen und entspannten Verfassung halten kann, etwas, was zuerst unmöglich scheint. Viele Male wird man sich spontan für das, was man sieht, begeistern – worauf aber die Vision sofort in sich zusammenfallen wird. Weiter wird man feststellen, dass sich diese Visionen in zwei ungleich grosse Gruppen aufteilen lassen. Diese werden darüber Aufschluss geben, welche Art von Visionen man weiterentwickeln soll. Während der eine Teil der Bilder von alltäglichen Dingen handelt, wird der andere auf symbolische Gehalte deuten. Man wird bemerken, dass die symbolische Vision mit einer positiv fragenden Geisteshaltung einhergeht. Die Alltagsvision hingegen erscheint ohne jede bewusste Anstrengung; sie ist eine passive Vision.

Einige werden sagen, dass man die passive Vision vermeiden soll. Dies erinnert mich an den Fuchs, der seinen Schwanz verloren hatte. Wie man weiss, betonte dieser die Vorteile, keinen Schwanz zu haben, und überredete die anderen, ihren Schwanz ebenfalls zu opfern! Ob man nun passive oder aktive Visionen hat, beide Fähigkeiten können in jedem Fall von Nutzen für uns selbst und andere sein.

Hat man das Ziel, etwas im Spiegel zu sehen, erreicht, versuche man nicht zu schnell, allem Gesehenen eine Bedeutung zu geben. Ein katholischer Autor, Monsignore Robert Hugh Benson, sagte, dass es bezüglich der Visionen zunächst so sei, als wäre man in einem Raum mit einem Fenster, das auf eine belebte Strasse schaut. Die Jalousie ist aber heruntergelassen, so dass man nicht auf die Strasse sieht. Plötzlich wird der Rolladen für eine Sekunde hochgezogen, und man blickt auf die geschäftige Strasse. Vielleicht sieht man in diesem kurzen Augenblick ein Mädchen in einem roten Kleid, das einen Korb mit Blumen trägt. Dann versperrt einem die Jalousie wieder die Sicht. Es wäre sehr albern, würde man nun behaupten, dass dieses Mädchen in irgendeiner Weise mit einem verbunden war; sie ging lediglich gerade in dem Augenblick vorüber, als man aus dem Fenster schaute. So ist es mit einem grossen Teil der Visionen. Wir haben viele schlaflose Stunden damit verbracht, diese lebendigen Bilder im astralen Licht zu beobachten, ohne jedoch anzunehmen, dass sie in irgendeiner Weise für uns persönlich bestimmt waren. Es gibt täglich andere spirituelle Strömungen, die unseren Planeten umkreisen; die Hindus nennen sie *Tatvas*. In jedem dieser Tatvas scheint eine Art von Bild zu dominieren. Dies ist jedoch vorläufig nicht sehr wichtig für uns.

Aber es *gibt* Bilder, die für uns bestimmt sind, Bilder, die vom Unterbewussten als Code für bestimmte Inhalte benutzt werden, von denen einzelne Informationen dem Betreffenden mitgeteilt werden sollen. Diese Informationen können sich auf das eigene Leben oder die allgemeine Verfassung beziehen. Es können aber auch genaue, auf andere bezogene Informationen sein, Informationen, die von den inneren Sinnen aufgenommen wurden oder, wie in manchen Fällen, solche, die auf die Aktivität anderer Seelen zurückgehen, die dem Wachbewusstsein eine Botschaft über das innere Selbst geben.

Symbolische Bilder

Nach einiger Übung wird man feststellen, dass einige Bilder symbolische Bedeutung haben und den Code des inneren Selbst benutzen. Man muss von diesen Visionen lernen, was deren Formen *für das eigene Ich bedeuten.* Wir heben diese Worte hervor, weil sie sehr wichtig sind. Jedes Symbol hat vielerlei Bedeutungen, je nach dem, wer es sieht. Zum Beispiel hat für uns das Symbol der Katze mit ägyptischen Dingen zu tun. Einer unserer Freunde, ein sehr guter Hellseher, fand hingegen heraus, dass wenn immer dieses Symbol in seinen Visionen auftauchte, es anzeigte, dass er in den nächsten Tagen krank werden würde. Er war mit Vortragsreisen im ganzen Land beschäftigt und erzählte mir, dass diese immer wiederkehrende Vision es ihm oft möglich machte, einen Vortrag noch zur rechten Zeit absagen zu können, so dass die Betroffenen einen passenden Ersatz engagieren konnten.

Hier kommen wir zu etwas sehr Wichtigem. Die visionären Symbole teilen sich in zwei Gruppen auf. Die eine findet sich in Visionen ohne jeden gefühlsmässigen Beigeschmack, und man hat keinen Anhaltspunkt dafür, was sie wohl bedeuten mögen. Der zweite Typ ist nicht nur sichtbar, sondern enthält in sich selbst das Wissen über seine Aussage. Dieses Wissen, das gleichzeitig mit der Vision erscheint, ist meist unabänderlich korrekt, wie unsere Erfahrungen gezeigt haben. Wenn man ein Symbol sieht und innehalten muss, um seinen Sinn zu entschlüsseln, sei man auf der Hut, weil dessen Interpretation wahrscheinlich von der wirklichen Bedeutung weit entfernt ist. Beginnt man eine Reihe solcher Zeichen zu sehen, die man erst entschlüsseln muss, ist das im allgemeinen ein Zeichen dafür, dass die eigenen hellsichtigen Kräfte aus dem einen oder anderen Grund nicht korrekt arbeiten; man sollte ihnen dann für eine gewisse Zeit Ruhe gönnen.

Es gibt noch einen weiteren Punkt, mit dem wir uns in Zusammenhang mit der Symbolik beschäftigen müssen. Er hängt meist mit solchen Symbolen zusammen, die für zukunftsweisend gehalten werden. Viele hundert Mal haben wir Hellseher sagen hören. «Ich sehe einen schönen Strauss Osterglocken über dir, und das sagt mir, dass du, wenn die Blumen im nächsten Frühling wieder blühen, gute Nachrichten erhalten wirst, usw.» Abgesehen von der Tatsache, dass Blumen schon weit vor dem Frühling blühen und dass der Frühling einige Wochen lang dauert, ist die Aussage so allgemein, dass sie als zukunftsbezogene hellseherische Voraussage völlig nutzlos ist. *Wenn* eine Voraussage nicht auf einen Zeitraum von weniger als drei Monaten eingeschränkt werden kann, ist ihr Wert als Auskunft nicht sehr hoch. In jedem Fall lassen solch vage Aussagen vermuten, dass wir es hier mit eher geringen hellseherischen Fähigkeiten zu tun haben.

Wir schlagen deshalb vor, dass man sich darin übt, die Symbole, die aus dem Inneren aufsteigen, zu verstehen und sich bemüht, klare und präzise Beschreibungen zu präsentieren, nicht aber vage Allgemeinheiten. Das ist durchaus zu erreichen, bedeutet aber harte Arbeit. Doch rechtfertigen die Ergebnisse diese Mühe.

Das Kontrollieren der Visionen

Hat man nun die Kraft entwickelt, Visionen zu sehen, ist die halbe Aufgabe bewältigt. Die nächste wichtige Fähigkeit, die man erlangen muss, ist, die Visionen auch beenden zu können. Es gibt zu viele «halbe» Hellseher, Leute, die begonnen haben, ihre spirituellen Fähigkeiten zu entwickeln, sie dann aber aus irgendeinem Grund nie ganz gemeistert haben. Sie sind zu unfreiwilligen Sehern geworden, jeder seelischen Brise ausgesetzt, und reagieren automatisch auf alle Arten von Gedanken, die von den Menschen um sie herum ausgehen. Dadurch wurde für diese Menschen die seherische Fähigkeit zu einer Bürde, obgleich sie für sie ein grosser Reichtum hätte werden können. Das kann zu einer gefährlichen Sache werden, denn es ist völlig klar, dass es nicht sehr günstig ist, beim Überqueren einer Strasse plötzlich die Vision der Eleusinischen Felder vor sich auftauchen zu sehen. Das kann leicht zu einem vorzeitigen Wohnsitz im Himmel führen.

Das Beenden der hellseherischen Wahrnehmung

Es wird dem Leser deshalb empfohlen, sich darin zu üben, die zwei Bewusstseinsebenen nach den Sitzungen streng zu unterscheiden. Man beende das Hellsehen mit sanfter Willensanstrengung. Das heisst aber nicht, dass man die Zähne zusammenbeissen und das Kinn vorschieben oder vor lauter Anstrengung im Gesicht rot anlaufen soll. Das wäre reine Energieverschwendung, wie wenn man das elektrische Licht mit dem Schmiedehammer auslöschen wollte. Wahrscheinlich geht das Licht dabei aus. Ziemlich sicher aber geht dabei auch der Schalter zu Bruch. Man braucht sich nur zu sagen, dass die Sitzung nun beendet ist. Man verrichte direkt anschliessend irgendeine alltägliche Arbeit und schreibe z. B. das Protokoll. Wenn sich zu irgendeiner Zeit ausserhalb der Sitzungen der hellseherische Sinn unwillkürlich meldet, wende man *sofort* die Aufmerksamkeit davon ab. Dies muss augenblicklich geschehen. Andernfalls wird man merken, dass die anwachsende Vision zunehmend schwieriger zu verdrängen ist. Vielleicht ist man der Meinung, dass es einem helfen könnte, wenn eine Vision einen vor einer möglichen Gefahr warnt. Das ist durchaus richtig und kann dadurch arrangiert werden, dass man sich selbst eine bestimmte Suggestion gibt, damit die hellseherische Kraft dann zu arbeiten beginnt, wenn Gefahr im Verzug zu sein scheint. Wir verdanken unser Leben in mindestens zwei Fällen solchen plötzlich an das Wachbewusstsein gegebenen Warnungen. Diese unwillkürlichen Aktivitäten der spirituellen Sinne sollten jedoch so lange nicht forciert werden, bis eine Suggestion einen Kanal aufgebaut hat, durch den die Warnungen unser Wachbewusstsein erreichen können.

Wir haben bereits erklärt, dass es besser ist, anderen so lange nichts vom Lehrgang zu erzählen, bis man gelernt hat, die Kraft sowohl zu entfalten als auch zu kontrollieren. Auch dann wird man noch feststellen, dass man von dummen Leuten belästigt wird, die einfach nur etwas Neues erleben wollen oder hoffen, einen materiellen Gewinn daraus zu ziehen. Viele dieser Menschen sind durchaus in der Lage, für die Dienste eines professionellen Hellsehers zu bezahlen, sehen aber in dieser Fähigkeit eine gute Gelegenheit, ohne Gegenleistung etwas zu kriegen!

Professionelles Hellsehen

Das bringt uns zu der dornigen Frage des professionellen Hellsehens. Ist es eigentlich zuzulassen, dass diese Fähigkeit dazu genutzt wird, den Lebensunterhalt zu verdienen? Da das Hellsehen eine völlig natürliche Kraft ist und nicht hochheilig und unberührbar, gibt es keinen Grund, warum man damit kein Geld verdienen sollte. Es gibt jedoch andere Erwägungen, die in Betracht gezogen werden müssen. Der Hellseher ist mehr Künstler denn Techniker. Seine Kräfte variieren, sie hängen von seiner inneren Verfassung ab, aber auch von äusseren Umständen. Solange er seine Kraft nicht völlig stabilisiert hat, ist er nicht in der Lage, berufmässig als spirituelles Medium zu arbeiten; er kann nämlich nie sagen, wann seine Kraft zur Verfügung steht. Vielleicht ist er später einmal fähig, diese gefragte und verantwortungsvolle Aufgabe zu übernehmen und bei hohem moralischem Niveau vielen Menschen eine grosse Hilfe zu sein.

Zum Schluss sei noch erwähnt, dass wir seit über fünfzig Jahren ohne jede Bezahlung hellseherisch arbeiten und in der Hoffnung, die wir vielen Menschen haben geben können, eine wirkliche und beständige Befriedigung gefunden haben. Vor einigen Wochen haben wir mit dieser Regel gebrochen und Geld angenommen. Dieses eine Mal hat jedoch ausgereicht, um etwas von den Versuchungen und Schwierigkeiten zu erfahren, denen ein professioneller Hellseher, will er ehrlich sein, ausgesetzt ist.

Einige weitere Überlegungen

In diesem Kapitel möchte ich noch einige praktische Hinweise geben, die dem Schüler helfen sollen, bei der Entwicklung des Hellsehens einige Fallen zu umgehen. Selbstverständlich ist die Fähigkeit, im Spiegel oder im Kristall sehen zu können, der erste und ein sehr wichtiger Teil des Trainings, es ist jedoch nur *ein* Teil. Da gibt es so vieles, was einen sogleich zu Beginn der Arbeit beschäftigen wird. Einige plötzliche persönliche Veränderungen oder Änderungen in der eigenen Umgebung scheinen zunächst nur kleinere Hindernisse zu sein, sie können jedoch zu wirklich lästigen Schwierigkeiten anwachsen. Dieses Kapitel ist mit der Absicht geschrieben worden, dem Schüler dabei zu helfen, zumindest einige dieser Probleme zu vermeiden.

Zunächst wollen wir uns mit den Auswirkungen der Übung des Hellsehens auf die eigene Person befassen. Zunächst gehe ich auf diese ein, dann auf jene, die sich dadurch bei anderen ergeben. Man muss bedenken, dass man nicht nur im spirituellen Bereich, sondern auch im alltäglichen Leben sensibler geworden ist. Diese Überempfindlichkeit sollte nur vorübergehend sein und aufhören, wenn man die Ausbildung nahezu beendet hat. Unglücklicherweise gibt es viele Spiritisten, die niemals aus diesem Stadium physischer Empfindsamkeit herausgekommen sind, und diese Leute sind es, die mitgeholfen haben, dieser Tätigkeit eine schlechten Ruf zu geben. Diese Sensibilität zeigt sich in einer ausgesprochenen Reizbarkeit, die für gewöhnlich dann eintritt, wenn man bei einer Sitzung in einen Kristall oder in einen Spiegel blicken will. Jeder Laut scheint ungebührlich laut, und man fühlt sich ungeduldig und streitsüchtig gegenüber seinen

Mitmenschen. In vielen Fällen bleibt diese Gemütsverfassung auch *nach* der Sitzung bestehen und kann viele Schwierigkeiten verursachen. Deswegen glaubt das normale Publikum, dass *alle* Spiritisten blasse, nervöse und reizbare Menschen sind, die zu plötzlichem Enthusiasmus oder tiefer Depression neigen. Diese extremen Reaktionen muss man beherrschen lernen. Man darf der Welt ruhig zeigen, dass ein Spiritist auch ein normaler, ausgeglichener Mensch sein kann.

Am Anfang der Übungen ist es jedoch sehr schwierig, diese Ausbrüche von Nervosität und zeitweiligem Mangel an Ausgeglichenheit zu vermeiden, weil sie zu eben jenen Veränderungen gehören, die das Training in einem bewirkt. Ähnliches kann man bei Personen beobachten, die mit einem strengen athletischen Training in einer anstrengenden Sportart beginnen. Diese Reizbarkeit vergeht, sobald der Körper auf das Training anzusprechen beginnt. So werden auch Unausgeglichenheit und Nervosität nach und nach verschwinden. Ich sagte, dass diese Störungen zu den Veränderungen gehören, die während des Übens vor sich gehen. Was ich damit meine? Nun, man muss bedenken, dass der Kontakt mit den spirituellen Dimensionen die Möglichkeit gibt, starke und aktive Kräfte unmittelbar freizusetzen, und diese Kräfte betreffen die ganze Persönlichkeit. Da die Persönlichkeit aber nicht ausbalanciert und entwickelt ist, werden die Kräfte auf ein bestimmtes Mass an Widerstand treffen und so möglicherweise die erwähnten unwillkommenen physischen Symptome hervorrufen. Man verstehe mich bitte nicht falsch! Wenn ich sage, dass man nicht über eine ausgeglichene Persönlichkeit verfügt, so ist dies etwas, was jeder Psychologe für neunzig Prozent aller Menschen bestätigen wird. In der Tat gibt es Psychologen, die der Überzeugung sind, dass es die wirklich vollständig entwickelte Persönlichkeit auf Erden gar nicht gibt. Das ist eine extreme Ansicht. Trotzdem gilt im allgemeinen, dass die meisten von uns in unterschiedlichem Ausmass unausgeglichene und nicht voll entwickelte Menschen sind. Wenn wir am Anfang der Entwicklung Kontakt zu den spirituellen Kräften aufnehmen, fliessen sie durch uns hindurch, rufen verschiedene Reaktionen hervor und heben den gewohnten Zustand auf. Ich betone dies so sehr, weil ich den Schüler nicht in die Irre führen will. Aber man denke daran, dass ich darauf hingewiesen habe, dass diese Kräfte in grösserem oder *kleinerem* Masse auftreten können. Darüber hinaus aber gilt, dass diese Schwierigkeiten aufhören werden, wenn man sich an das Training hält.

Die Kultivierung der Demut

Eines der häufigsten Ergebnisse dieses aus dem Kontakt mit den spirituellen Sphären entstehenden Machtrausches ist das Gefühl der Autorität – das positive Gefühl, dass alles, was man von diesen Sphären erfährt, absolut wahr ist und nicht überprüft werden muss. Das leichtgläubige Verhalten der Umwelt lässt dieses Gefühl der Überlegenheit oft noch grösser werden. Es klingt ein «Amen» mit. *Keine* spirituelle Kommunikation aber ist völlig «wahr». Da die Kommunikation über die Persönlichkeit des Sehers abläuft, ist sie, wie gesagt, immer von dessen geistiger und gefühlsmässiger Verfassung gefärbt. Zu Beginn aber wird man bei dieser oder jener Vision fest davon überzeugt sein, dass sie völlig wahr sein *muss*. Vermutlich wird man dann erleben, dass man etwas intolerant gegen jeden ist, der dies bezweifelt oder wagt, anderer Meinung zu sein. Dieses positive Gefühl der Überlegenheit unterscheidet die spirituelle Fähigkeit von den Ergebnissen einfacher bildlicher Vorstellung, und insofern kann sie auch nützlich sein. Trotzdem *müssen alle Visionen* und jeder weitere Kontakt mit dem spirituellen Bereich überprüft und vom Verstand getestet werden. Daher sollte man parallel zu den hellseherischen Übungen auch über die ethische Tugend der *Demut* nachdenken. Nicht die heuchlerische Demut des Uriah Heep bei Charles Dickens ist gemeint, sondern die wirkliche Demut, frei von unangemessener Selbstverachtung, ernsthaft bemüht, den eigenen Stellenwert richtig einzuschätzen, in der Bereitschaft, seine Anstrengungen danach auszurichten. Die Kultivierung dieses Geists der Demut ist nicht immer einfach. Zwischen der heuchlerischen Unterwürfigkeit eines Uriah Heep und der eigenen Selbstüberschätzung muss man hindurchsteuern wie die alten Seeleute zwischen Scylla und Charybdis.

Es gibt einen Ausspruch, der das alles zusammenfasst: «Auf einen Schritt in der spirituellen Entwicklung kommen zwei in der ethischen.» Wäre das immer zu erreichen, wären Leben und Arbeit im spirituellen Bereich viel einfacher. Wir müssen diesem Anspruch so weit wie möglich nachkommen, wenn wir uns unter den besten Bedingungen entwickeln wollen. Bringt man seine spirituelle Entwicklung diesem Geist der wahren Demut nahe, wird man von keinem spirituellen Machtrausch weggeschwemmt werden. Doch darf man das Erreichte auch nicht über Gebühr abwerten, indem man z. B. sagt: «Es ist nur meine Einbildung.» Die spirituelle Kraft nämlich arbeitet über das Unbewusste, und dieser Teil des Bewusstseins ist ausserordentlich empfänglich für Suggestionen, was bedeutet, dass negative Suggestionen genauso leicht aufgenommen werden wie positive. Die goldene Regel ist, das, was sich im Kristall oder Spiegel gezeigt hat, nicht zu kritisieren, bis die Sitzung *zu Ende* ist; dann hat die Aufnahmefähigkeit des Unterbewussten für Suggestionen nachgelassen. Natürlich wird zu Beginn ungefähr fünfundneunzig Prozent vom Geschehenen das Produkt der eigenen visuellen Phantasie sein. Setzt man die Übungen aber fort, wird sich dieses prozentuale Verhältnis ändern, bis es sich genau umgekehrt verhält.

Bei allem bleibt ein kleiner Rest «Buntglas», dadurch bedingt, dass jeder Eindruck subjektiv ist. Dies kann niemals völlig ausgeschaltet werden. Man kann jedoch lernen, dem so Rechnung zu tragen wie ein Schütze, der ein wenig neben die Zielscheibe zielt, weil sein Gewehr einen kleinen Rechtsdrall hat. Sieht man also viel «Buntglas» in seinen Visionen, kann man dies bis zu einem gewissen Punkt ausgleichen. Das Ausmass der Abweichungen hängt weitgehend von der derzeitigen körperlichen Verfassung und den geistigen wie gefühlsmässigen Reaktionen ab. Soll das Hellsehen präziser werden, muss man lernen, ein bestimmtes Mass an Kontrolle über alle drei Momente zu erreichen.

Yoga

Aus diesem Grund möchte ich dem Schüler unter anderem empfehlen, in Ergänzung zu den seherischen Übungen auch einem Programm für Entspannung und Meditation zu folgen. Man braucht sich dazu keiner Gruppe anzuschliessen und mit keinem östlichen Guru zu arbeiten. Theorie und Praxis der Meditation findet man in vielen guten Büchern erklärt. Es gibt in vielen Schulen oder anderen Ausbildungszentren unserer grösseren Städte Yoga-Klassen. Doch genügt es durchwegs, dazu ein geeignetes Buch zu studieren. Für unsere Zwecke reicht eine einfache Form der Entspannung und der Meditation voll aus. Wenn man diese Techniken beibehält, wird man sehen, wie dienlich sie für die Entwicklung des Hellsehens sein können.

Ich möchte noch einmal die Wichtigkeit eines detaillierten Sitzungsprotokolls betonen. Dieses Protokoll schreibt man am besten *unmittelbar* nach den Sitzungen, bevor das Bewusstsein die Details der Vision vergessen hat. Wenn man beginnt, die hellseherischen Visionen wahrnehmen zu lernen, stehen sie mit dem normalen physischen Sehen in Konkurrenz. Dieses ist nämlich aufgrund seiner langen evolutionären Geschichte als normaler Weg, Kenntnisse zu gewinnen, sehr viel stärker ausgeprägt als die ersten vagen Schimmer der neu entstehenden spirituellen Fähigkeit. Aus diesem Grund sind die feineren Details der Visionen schnell verloren – «sie fliegen davon wie ein Traum» –, und sie sind in der Tat wie Träume, weil sie ähnlich diesen unterhalb der Schwelle des Wachbewusstseins entstehen. Schreibt man seine Erfolge auf, muss man aber auch die Fehler notieren, denn aus Fehlern lernt man oft am meisten. Sie lenken die Aufmerksamkeit auf einen bestehenden Zustand, den man andernfalls vielleicht übersehen hätte.

Sag die Wahrheit!

Die physische, geistige und emotionale Verfassung zur Zeit der Sitzung ist von grosser Bedeutung, deshalb sollte man sie jedesmal notieren. Weil die allgemeine geistige und gefühlsmässige Situation immer auch etwas vom Wetter abhängt, sollte man dieses ebenfalls vermerken. Nach einer Dauer von etwa drei Monaten wird man einen bestimmten Zusammenhang mit den jeweiligen Erfolgen oder Misserfolgen feststellen. Auch die Mondphasen sollte man aufschreiben, es gilt nämlich als eindeutig erwiesen, dass der Mond Einfluss auf die geistige und gefühlsmässige Verfassung hat. Solch ein Protokoll, das vielfältige Einflüsse enthält, wird eine grosse Hilfe bei der Arbeit sein. Man gebrauche es mit Besonnenheit und Scharfsinn. So sollten z. B. Visionen während der Mondfinsternis sorgfältig auf Spuren von Verzerrung überprüft werden. Es ist nämlich eine allgemeine Erfahrung vieler Seher, dass in dieser Zeit solche Verzerrungen häufig auftreten.

Aber, und das ist ein grosses Aber, man muss völlig ehrlich zu sich selbst sein – das Protokoll muss wie Cäsars Frau sein, über jeden Zweifel erhaben, auch wenn es Geist und Gefühl nur schwer zulassen, gewisse Dinge niederzuschreiben. Aus persönlicher Erfahrung weiss ich, wie schwer es auch in einem privaten Protokoll ist, anzuerkennen, dass man keinen Erfolg hatte. Keinem von uns fällt es leicht, Fehler zuzugeben. So neigen wir dazu, haben wir einige negative Resultate erlebt, das Protokoll besser zu schreiben, als es der Realität entspricht. Unsere Phantasie beginnt dann zu arbeiten: «Ich bin sicher, ich habe einige Lichtblitze im Spiegel gesehen», oder: «Ich bin sicher, es *bildete* sich ein trübes Bild. Hätte ich die Sitzung fortgesetzt, ich hätte es klarer gesehen.» Zu Beginn der Entwicklung wird man so etwas nicht sagen müssen, weil das erste vorsichtige Aufleuchten der hellseherischen Kraft einen sehr starken Eindruck hinterlässt. Solange wir uns mit diesem Abschnitt des Trainings beschäftigen, möchte ich noch einmal ganz deutlich darauf hinweisen, jedesmal nur für eine ganz bestimmte Zeitdauer zu sitzen, z. B. für eine halbe Stunde. Was auch immer am Ende dieser Zeit geschieht, man muss abbrechen. Das Unterbewusste muss darauf trainiert werden, unseren Befehlen zu gehorchen. Man muss die Kontrolle behalten.

Führt man ein ehrliches Protokoll und überprüft man seine Visionen zusammen mit den veränderlichen Faktoren von Gesundheit, Mondphasen und emotionell-geistiger Verfassung während der Sitzung, werden sich vermutlich gewisse Regeln herauskristallisieren. So kann es sein, dass man bei Vollmond erfolgreicher ist. Vielleicht entdeckt man aber auch, dass man während der Sitzung durch den Kontakt mit der eigenen Familie beeinflusst wird. In einem späteren Stadium kann dieser Einfluss ausgeschlossen werden, er hat dann keine Macht mehr über uns. Zu Beginn der Übungen aber muss man damit fertig werden. Auch hier heisst es wieder, ein detailliertes Protokoll führen. Diesem Bericht muss man trauen können, und er muss *regelmässig* geschrieben werden. Das Führen eines Protokolls ist eine gute Übung in Selbstdisziplin und gibt uns einen objektiven Massstab für subjektive spirituelle Erfahrungen. Viele von uns kann es auch davor bewahren, hochnäsige oder aufgeblasene Egozentriker zu werden. Am Anfang des Trainings sollte man den Vorteil jedes günstigen Umstandes nutzen, um Fortschritte zu erzielen, doch sollte man die Sitzungen auch unter schwierigen Bedingungen durchführen. Wenn man auch dann gute Resultate erhält, hat man sich unabhängiger von äusserlichen Bedingungen gemacht. Das wird die ganze Persönlichkeit stärken. In jedem Fall befähigt es uns, die eigenen Möglichkeiten auf eine höhere Stufe zu heben. Man bedenke immer, dass man in seinen Anstrengungen, das Hellsehen zu verbessern, nie nachlassen darf. Es gibt unbegrenzte Weiten in jedem von uns, deshalb muss das spirituelle Sehen einen beständig erweiternden Bereich umfassen. Dieser Bereich ist wahrhaftig grenzenlos.

Hellsehen in Gruppen

Ich habe den grossen Einfluss erwähnt, den einige Menschen zu haben scheinen. Diese Kraft ist eine Tatsache. Solche Menschen können unsere Kraft wachsen lassen, sie können sie aber auch völlig verhindern. Ist man in einer Gruppe zur Entwicklung spiritueller Fähigkeiten, werden die psychischen und geistigen Kräfte aller, die diese Gruppe bilden, kontinuierlich daran arbeiten, die eigenen hellseherischen Kräfte auf ein bestimmtes Niveau zu heben. Dieses Niveau wird bestimmt von dem allgemeinen geistigen Niveau der Gruppe, und wenn es einmal erreicht ist, wird der Gruppeneinfluss uns an dieses Niveau binden. Obwohl die spirituellen Kräfte der anderen Gruppenmitglieder ebenso hinderlich wie stimulierend sein können, ist ihr Einfluss eher doch ein hinderlicher, denn sie neigen dazu, unsere Visionen denen der Gruppe anzugleichen. Das ist eine grosse Gefahr, und sie muss in Betracht gezogen werden. Andererseits kann natürlich das Niveau der Gruppe viel höher sein als das eigene. In diesem Fall wird einem dabei geholfen, die eigene Fähigkeit rasch weiter zu entwickeln.

In solchen Gruppen geschieht es häufig, dass regelmässig Perioden spiritueller Anspannung auftreten, nämlich dann, wenn die einzelnen Gruppenmitglieder auf eine höhere Bewusstseinsebene gehoben werden. Wenn das geschieht, ist es eine gute Gelegenheit für jeden Spiritisten, der noch am Anfang seiner Möglichkeiten steht, in der Gruppe die Reichweite der eigenen spiritistischen Kräfte auszudehnen.

Einige Gruppen scheinen aber eine *festgelegte* geistige Atmosphäre zu schaffen, in der sich die spiritistischen Fähigkeiten aller Gruppenmitglieder auf *einer Ebene* befinden. Die grosse Okkultistin Dion Fortune bestand in einem ihrer Unterrichtskurse darauf, dass wir den begrenzenden Faktor in der Gruppe zur Kenntnis und darauf Rücksicht zu nehmen haben. Manchmal wird es das beste sein, die Gruppe zu verlassen. Das muss man tun, wenn man feststellt, dass die Atmosphäre der Gruppe beginnt, den eigenen Fortschritt zu behindern.

Bevor man diesen Schritt unternimmt, ist es jedoch angebracht, einige Zeit damit zu verbringen, ernsthaft zu erwägen, ob es die ganze Gruppe oder einfach nur man selbst ist, der aus dem Tritt ist. Wenn man begonnen hat, einige Ergebnisse zu erzielen, ist es sehr einfach, von jeder Kritik zu glauben, sie erwachse aus der Eifersucht derer, die noch keine Erfolge hatten. Auch hier ist wiederum die Tugend der Demut angebracht. Es ist sehr leicht möglich, dass in einer Gruppe, in der ja alle für die Zeit des Zusammenseins in sehr empfindsamer Verfassung sind, Ärger entsteht. Man prüfe sorgfältig, ob man sich korrekt verhält, bevor man den extremsten Schritt macht und die Gruppe verlässt.

Spirituelle Medien

Nun geht es um einen sehr interessanten Aspekt unseres Themas. Es gibt Menschen, die, arbeiten sie in einer Gruppe mit, eine starke Wirkung auf die Arbeit dieser Grupe ausüben. *Ihre blosse Anwesenheit* scheint spirituelle Geschehnisse hervorzurufen oder zu verhindern. In vielen Fällen bilden sie nicht selber hellseherische Fähigkeiten aus, sie beeinflussen aber die anderen in der beschriebenen Weise. In der chemischen Forschung hat man verschiedene Substanzen gefunden, die das gleiche in chemischen Reaktionen leisten. Sie setzen alle Arten von chemischen Reaktionen, in welchen Gemischen auch immer, in Gang, gehen aber selbst nie eine Verbindung mit einer Substanz dieser Mischung ein. Diese Stoffe sind bekannt als Katalysatoren. Die Leute, von denen ich hier spreche, kann man als spirituelle Katalysatoren betrachten. Sie scheinen bestimmte körperliche Eigenschaften zu besitzen – sie haben z. B. oft kastanienbraunes Haar. Wir haben bis jetzt noch kein genaues Wissen davon, warum diese Menschen die spirituelle Entwicklung beeinflussen. Darüber hinaus sind sie nicht sehr zahlreich. Wenn man an einer Gruppe teilnimmt, die solch eine Person als Mitglied hat, wird man schnell feststellen, dass diese Gruppe sehr erfolgreich in der Entwicklung der spirituellen Kräfte ihrer Mitglieder oder umgekehrt völlig erfolglos und auf dem Weg ins Abseits ist.

Man wird feststellen, dass beides, Vorteil wie Begrenzung, auch für uns gelten, wenn wir an einer Gruppe teilnehmen. Man muss für sich selbst entscheiden, ob man sich an solch einer Gruppe beteiligt oder sein Training lieber alleine macht. Die Hinweise und Beurteilungen der Gruppenleiter zusammen mit der Unterstützung durch die Arbeit mit anderen sind die positiven Aspekte. So erfahren jedoch diese Gruppenleiter auch sein mögen, wird uns die allgemeine Situation einer Gruppe vielleicht doch dazu bringen, ein Arbeiten für sich alleine vorzuziehen. Ich persönlich empfehle dem Schüler, wie ich das auch schon früher in diesem Buch getan habe, für sich alleine zu arbeiten. Natürlich kann es sehr dienlich sein, wenn eine andere Person wiedergeben kann, was in der Sitzung geschehen ist. Arbeitet man alleine, wird man nicht so sehr dazu neigen, auf andere angewiesen zu sein. In jedem Fall liegt die Entscheidung bei Ihnen.

Unmittelbares Wissen

Nun kommen wir zu einem weiteren wichtigen Aspekt der Übungen. Er ist nicht sichtbar mit dem Blick auf Kristall oder Spiegel verbunden, jedoch eng damit verknüpft. Sitzt man vor dem Spiegel, so können sich geistige Impressionen einstellen, obgleich man noch keine objektive Vision erhalten hat. Es gibt zwei Arten dieser Visionen. Die eine entsteht, wenn man angestrengt in den Spiegel sieht, die Kraft sich aus dem einen oder anderen Grund jedoch nicht in einer Vision objektiviert. Kommt man im Training voran, nehmen diese Eindrücke zu, denn sie arbeiten nun direkt mit der zunehmenden Kraft zusammen, um sich in gegenständlicher Form auf den Spiegel zu projizieren. Die zweite Gruppe unterscheidet sich völlig davon und ist in sich selbst eine bestimmte Form des Hellsehens. Hier sind die Eindrücke klar und genau. Sie tauchen im Bewusstsein auf, wenn man in den Spiegel schaut, oder treten völlig unvermittelt nach den Sitzungen auf. Diese Imaginationen sind weder objektive noch subjektive *Bilder,* sondern eine Art *unmittelbaren Wissens,* das in das Bewusstsein tritt. Obgleich man keinerlei Form erkennen kann, ist man sich sicher, dass etwas von einer bestimmten Grösse und Gestalt vor einem steht. Man wird feststellen, dass man «es» bis ins Detail beschreiben kann. Es ist «als ob» man es sieht, man sieht es aber nicht! Diese Erklärung ist sehr verwirrend, experimentiert man aber eine Weile mit dem «formlosen Sehen», wird man verstehen, was ich hier zu erklären versuche. Diese Form des Hellsehens hat man als «eine schwarze Katze um Mitternacht auf dem Grund einer Kohlengrube sehen» beschrieben. Obwohl man nichts *sieht,* taucht die präzise Idee einer Person oder eines Dinges auf. Die Details sind völlig klar, und es gibt nichts Vages an ihnen, hat diese fremde Form des Bewusstseins erst einmal begonnen, sich zu entwickeln.

Zu Beginn ist es sehr schwierig, sich auf diese Eindrücke zu verlassen, weil wir seit Jahrhunderten der Evolution gewohnt sind, unter Sehen nur das Sehen mit den Augen zu verstehen. Hier aber benutzen wir nicht unsere physischen Augen, um die Eindrücke aufzunehmen, obwohl wir vielleicht gleichzeitig, auf Bilder hoffend, in den Spiegel schauen. Ich glaube, das, was dabei geschieht, ist der Beginn unseres Gebrauches der spirituellen Sinne, die von den physischen Sinnen unabhängig sind. Sie ergänzen unsere Spiegelvisionen mit gesonderten Informationen. Ist man in seinem Lehrgang ein gutes Stück vorangekommen, wird man feststellen, dass dieses Aufblitzen intuitiven Wissens anfängt, einen kontinuierlichen Hintergrund zu den Spiegelvisionen zu bilden. Man sieht seine geistig projizierte Vision nicht nur im Spiegel, sondern erhält gleichzeitig ein detailliertes Paket von Informationen, das das Bewusstsein zur selben Zeit erreicht. Es gibt eine alte Form des Spiritismus, die vom unwillkürlichen Nervensystem abhängt. In ihr zeigen sich auch vage Eindrücke, aber ohne die Klarheit und die Details der intuitiven Hellsicht. Über diese atavistische spirituelle Fähigkeit scheinen viele Tiere zu verfügen, aber auch einige Menschen, deren Ausbildung nicht sehr hoch ist – obgleich sie oft sehr intelligent sind und mit dem Leben gut umgehen können. Das intuitive Hellsehen können sie aber nicht ausbilden, weil dies auf einem höheren geistigen Niveau geschieht, als sie es je erreichen können. Es *gibt* jedoch eine Form des passiven Hellsehens, deren sie fähig sind; wie ich aber schon gesagt habe, mangelt es ihr an der Klarheit und der Präzision des intuitiven Typs.

Intuitives Hellsehen

Kehren wir aber nun zum intuitiven Hellsehen zurück. Es geschieht auf einem höheren geistigen Niveau als die alte Form und ist deshalb viel zuverlässiger.

Ich habe mich darauf als intuitives Hellsehen bezogen und sollte daher einige Bemerkungen zur Intuition machen. Über die Intuition wird viel geredet. Oft wird sie belächelt als eine weibliche Eigenschaft, die von Frauen genutzt wird, um ihre ganz besondere Sicht der Dinge zu erklären, vor allem dann, wenn sie mit vernünftigen Argumenten von «vernünftigen» Menschen konfrontiert werden – meistens von Männern! Wenn sich, wie so oft, die weibliche Intuition als richtig erweist, wird das meistens als purer Zufall abgewertet. Intuition ist jedoch ein allgemeines Gut, es kommt nicht nur dem weiblichen Geschlecht zu. Verschiedene Menschen verfügen in verschiedenem Ausmass darüber. Die Abhängigkeit des Menschen von seinen Verstandesfähigkeiten hat die intuitiven Kräfte verkümmern lassen, so dass sie nicht in der Lage sind – ausser unter besonderen Umständen –, ins Bewusstsein zu treten. Jedes Bemühen einer systematischen Ausbildung spiritueller Kräfte und jede ernsthafte Anstrengung, die Kunst der Meditation zu erlernen, wird die intuitiven Kräfte wecken. Wie schon beschrieben, gehört die Intuition zu einem hohen geistigen Niveau. Ihre Sache ist nicht die allgemeiner Impression, sie gibt vielmehr genaue und detaillierte Informationen. Darüber hinaus ist die intuitive Spiritualität mit den moralischen und ethischen Dimensionen unseres Lebens verbunden und deshalb eine Hilfe bei ethischen und moralischen Beurteilungen.

Erläutern wir das an einem Beispiel. Wir nehmen zwei Hellseher. Der eine hat das objektive Sehen im Kristall oder im Spiegel entwickelt, der andere den intuitiven Typ innerlicher Wahrnehmung. Der nach aussen gerichtete Seher blickt im Spiegel die Erscheinung eines Mannes, der, nach seinem Gesicht und seiner Erscheinung zu schliessen, ein achtenswerter und ehrwürdiger Mensch von hervorragendem Charakter zu sein scheint. Der objektive Hellseher neigt dazu, die Vision von ihrem äusserlichen Anschein her zu verstehen, der intuitive Hellseher zieht jedoch, obgleich er keine Gestalt sieht, völlig andere Schlüsse. Er erkennt, dass die geschaute Person einen Charakter hat, der weit von der äusserlichen Erscheinung abweicht – er ist weder so achtenswert noch so gütig, wie es der andere Hellseher vermutet. Tatsächlicher Kontakt mit der betreffenden Person wird zeigen, dass der intuitive Hellseher recht hatte. Es scheint also, dass eine Kombination beider Sehweisen ein anstrebenswertes Ziel ist. Man sieht dann nicht nur Erscheinungen im Spiegel, sondern wird auch sofort wissen, was das bedeutet. Weil ich glaube, dass dies die richtige Entwicklungsmethode ist, habe ich empfohlen, jeden Tag für eine festgelegte Zeitdauer das Meditieren zu üben; auf dass wir uns dabei helfen, die intuitiven Kräfte wachzurufen.

Symbole

Es gibt viele Bücher über Meditation und viele Gruppen, die sich damit beschäftigen. Ich empfehle aber ein bestimmtes System, das ich am Ende dieses Kapitels vorstellen will. Wie wir schon früher festgestellt haben, können viele hellseherischen Erfahrungen in symbolischer Form auftreten. Man hat etwas Unfreundliches gesagt, dass Symbole die Flucht des erfolglosen Hellsehers seien – sieht er keine genauen Bilder, kann er immer noch auf Symbole zurückgreifen. Das kann für eine grosse Zahl von Fällen durchaus zutreffen, trotzdem aber spielen Symbole in spirituellen Visionen eine grosse Rolle. Kommen wir dann später zur Beschäftigung mit den tieferen spirituellen Wahrheiten, sind wir gezwungen, uns auf Symbole zu beziehen. Als einen klassischen Fall hierfür kann ein Buch aus dem Neuen Testament angesehen werden: die Offenbarung des hl. Johannes. Der grösste Teil dieses Buches ist rein symbolisch. Im Zusammenhang mit diesem Buch ist es interessant, festzuhalten, dass, als der Seher vor demjenigen niederknien wollte, der sein Führer und Lehrer war, der Engel es ihm mit den Worten verbat: «Tue es nicht, denn sehe, ich bin auch dein *Diener*.»

Die Symbole der Imagination sind unterschiedlicher Art. Da gibt es zunächst solche Symbole, die in Träumen erscheinen. Sie sind meist mit der inneren psychischen Verfassung verbunden, manchmal aber sind sie auch spiritueller Art und kommen durch «die Tore aus Horn». Das Studium und die Veränderung der Traumsymbole ist zum grössten Teil die Arbeit von Psychiatern und Psychologen. Es gibt jedoch andere Symbole, die auf zufällige Weise im Geist herangewachsen sind und die man verwenden kann, wenn man sein Hellsehen schult. Man ist aber auch in der Lage, einen geplanten und ausgewählten Code von Symbolen aufzustellen und die spirituellen Kräfte dazu zu überreden, sie zu benutzen. Versucht man das, muss man auf ein bestimmtes Mass an Widerstand seitens des Unterbewussten gefasst sein, weil es seinen «Haus-Code» vorzieht. Wie aber die Arbeit eines ausgebildeten Handwerkers im allgemeinen den Anstrengungen eines Do-it-yourself-Amateurs überlegen ist, so hat auch das System, das ich im folgenden beschreiben werde, einige Vorteile gegenüber dem Haus-Code des durchschnittlichen Unterbewussten. Bevor ich fortfahre, möchte ich betonen, dass das, was ich hier vorstellen werde, nur ein sehr kleiner Teil einer sehr viel weiterreichenden Philosophie, der Kabbala, ist. Das Symbol-System, mit dem wir uns nun beschäftigen, setzt sich aus den Meister-Symbolen der Kabbala zusammen. Innerhalb der Grenzen dieses schmalen Buches ist es für uns nicht möglich, mehr als nur einen Teil der Kabbala vorzustellen. Es gibt darüber weiterführende Bücher von Dion Fortune, Dr. Israel Regardie, von mir und von anderen Autoren.

Kabbalistischer Symbolismus

Ich gebe hier nur eine ganz allgemeine Darstellung des kabbalistischen Systems, soweit es für unser spirituelles Training nötig ist. Dazu ist zu sagen, dass die Basis dieser Philosophie die Überzeugung ist, dass der Mensch das mikrokosmische Spiegelbild des Makrokosmos oder des Universums, in dem er lebt, ist und daher alle Fähigkeiten und Kräfte des Universums auch in ihm zu finden sind. Auf dieser Grundlage haben die Kabbalisten ein wunderbares philosophisches System errichtet, wobei wir uns hier aber nur auf den Teil beziehen können, der von Bedeutung für unsere Bemühungen um eine spirituelle Weiterentwicklung ist.

Das beigefügte Diagramm zeigt die zentrale Idee des Lebensbaumes, wie die Kabbala es nennt. Jeder dieser einzelnen Punkte oder Sephiroths, wie sie auch heissen (der Singular ist «Sephira»), hat einen bestimmten Namen, mit dem Symbole und Vorstellungen verbunden sind. Sie repräsentieren verschiedene Elemente des Universums und damit auch des Menschen. Wir beschäftigen uns hiermit nur insofern, als es unser hellseherisches Training betrifft. Man wird feststellen, dass die Eigenschaften, für die die Sephirots stehen, komplementär sind und sich gegenseitig ausgleichen. Deshalb ist in dieser Philosophie ein beständiges Unausgeglichensein der Kräfte nicht anstrebenswert. So gleicht in der Vertikalen KETHER MALKUTH aus; in der Horizontalen ergänzen sich immer zwei der äusseren «Kugeln», so CHOKMAH und BINAH, GEBURAH und GEDULAH, und schliesslich ergänzen sich NETZACH und HOD an der Basis. Diese beiden Kugeln haben manchmal auch die Namen der beiden Säulen vor Salomons Tempel, nämlich Jachin und Boaz. Die zentrale Kugel, das TIPARETH, ist das Symbol und der Ort der Ausgeglichenheit, während YESOD darunter das Fundament repräsentiert. MALKUTH, das Reich der Materie, ist die Stelle, wo alle Qualitäten des Baumes voll ausgebildet und bestimmt sind. Ist ein Prinzip nicht in Malkuth vollendet, dann ist es unvollständig.

Um nun das Symbol des Lebensbaumes in der Ausbildung nutzen zu können, ist es notwendig, abwechselnd über jedem einzelnen Symbol zu meditieren, um seine besondere Bedeutung zu verstehen. Man muss so lange meditieren, bis das Symbol mit seiner Bedeutung sicher im Unterbewusstsein verankert ist. Dabei wird man feststellen, dass man diese Meditation sehr beharrlich durchführen und jedes Symbol immer wieder wiederholen muss, bis man dem Unbewussten einen anhaltenden Eindruck davon vermittelt hat. Man wird bemerken, dass jedes Sephira einer bestimmten Farbe zugeordnet ist. Auch dazu gehört eine bestimmte Idee.

Die Bedeutung der Farben

Geburah ist feuerrot und steht für die Idee des Zusammenbruchs und der Zerstörung, *Gedulah* ist blau und hat die Bedeutung des Aufbaus. *Netzach* ist smaragdgrün und steht für gefühlsmässiges Empfingen, *Hod* dagegen ist orange und mit der Idee der Vernunft verbunden. *Yesod* ist violett und versinnbildlicht die Idee des Fundaments. *Malkuth* hat vier Farben, eine für jedes Viertel: Oliv, Zitronengelb, Braunrot und Schwarz. Seine Idee ist das «Reich», wo alle anderen Prinzipien vollendet sind. *Tipareth* ist goldfarben und bedeutet Harmonie und Ausgeglichenheit. *Binah* ist indigoblau und heisst Endlichkeit, Trägheit und Beständigkeit fester Dinge. *Chokmah* ist silbern, steht für die Idee unbegrenzter Kraft und ungeheurem Druck. Zuletzt folgt *Kether* mit Weiss als Farbe und der Vorstellung von der einen Quelle,

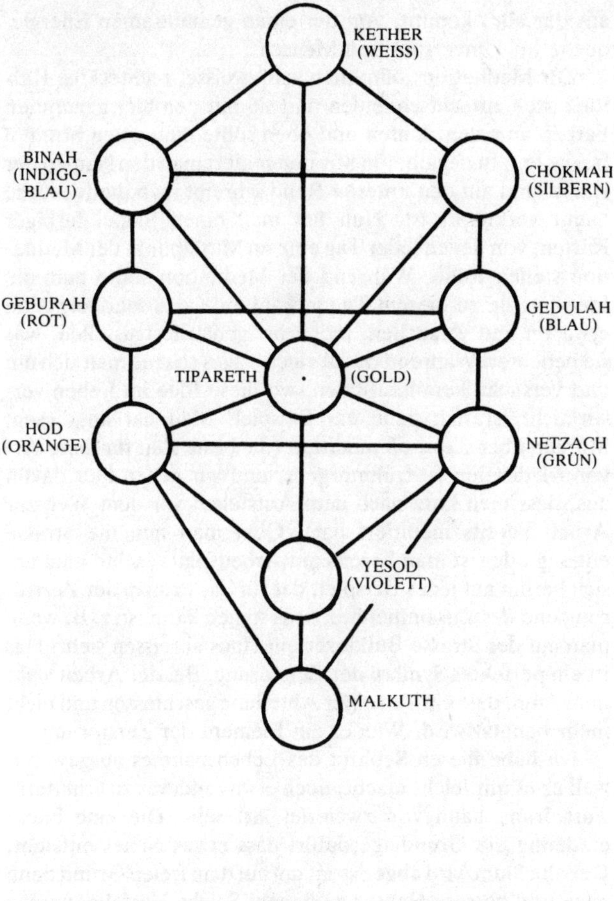

Der Lebensbaum

aus der alles kommt, von der einen gemeinsamen Energiequelle für Universum und Mensch.

Zur Meditation sollte man zehn weisse, rechteckige Kartonkarten zurechtschneiden und sie mit den hier genannten Farben anmalen. Unten und oben sollte man einen Streifen frei lassen. In den oberen Streifen notiert man den Namen der Karte, und auf den unteren Rand schreibt man die Idee, die damit verknüpft ist. Nun hat man einen Stapel farbiger Karten, von denen jeder Tag eine im Mittelpunkt der Meditation stehen sollte. Während der Meditation sollte man die Idee für die zu diesem Tag gewählten Karte sehr sorgfältig erwägen und versuchen, möglichst genau festzustellen, was sie bedeutet. Während des übrigen Tages schaue man sich um und versuche herauszufinden, wo diese Idee im Leben verwirklicht ist. Ich gebe ein Beispiel. Man hat an diesem Morgen über *Geburah* meditiert (die beste Zeit für diese Art von Meditation *ist* frühmorgens, und wir gehen hier davon aus, dass man kurz nach dem Aufstehen vor dem Weg zur Arbeit bereits meditiert hat). Geht man nun die Strasse entlang oder ist man bereits am Arbeitsplatz, achte man um sich herum auf jedes Beispiel, das für das Prinzip der Zerstörung und des Zusammenbrechens stehen kann, so z. B. wenn man auf der Strasse Bulldozer ein Haus abreissen sieht. Das ist ein perfektes Symbol der Zerstörung. Bei der Arbeit sieht man dann, dass ein Teil einer Abteilung geschlossen und nicht mehr benutzt wird. Wieder ein Element der Zerstörung.

Ich habe diesen Sephira des Lebensbaumes ausgewählt, weil er es mir leicht macht, noch etwas anderes zu erläutern. Zerstörung kann von zweierlei Art sein. Die eine bildet eindeutig die Grundlage dafür, dass etwas Neues entsteht. Der alte Slum wird abgerissen, um auf dem freien Grund dann neue und bessere Häuser zu bauen. Solche Vorfälle, wo die Zerstörung durch die Erneuerung, die auf sie folgen soll, gerechtfertigt ist, sind sehr zahlreich. Es kann jedoch auch geschehen, dass ein Haus leer steht und schliesslich Vandalen einfallen. Sie zerbrechen alle Fensterscheiben, zerschlagen die Türen und zerstören alles, was sie finden können. Damit machen sie das Haus zu einem schmutzigen und widerlichen Gerippe. *Diese* Form der Zerstörung ist aus dem Gleichgewicht, weil sie keinem guten Zweck dient und keine konstruktive Idee enthält. Vor dem geistigen Auge wird man das leuchtende Rot der Karte in ein schmutziges Rot verwandeln und die Idee in mutwillige Zerstörung. Im Lauf des Tages wird man noch weitere Beispiele finden, in dem sich das Prinzip von *Geburah* auswirkt. Am nächsten Tag meditiert man über der blauen Karte von *Gedulah* und hält nach Beispielen Ausschau, in denen Konstruktivität sichtbar wird. Sieht man Beispiele von Übertreibung oder hinderlicher Erhaltung von Altem, verbindet man es im Geist mit einer schmutzig-blauen Karte. Das gleiche gilt für alle anderen Sephira. Die reine Farbe steht für ein ausgeglichenes Arbeiten des Prinzips, die schmutzige Farbe repräsentiert das Prinzip, wenn es aus dem Gleichgewicht ist und daher eher schädigend wirkt.

Farben und Konzepte

So bauen wir ein System mit zehn Abteilungen auf und ordnen jeder Abteilung eine Farbe und eine Idee zu. Es gab einen russischen Wissenschaftler, Pawlow, der etwas ähnliches mit Hunden machte. Läutete er eine Glocke, zeigten die Hunde sofort alle Anzeichen heftigen Hungers, und Speichel tropfte ihnen aus dem Maul. Dieser Prozess wurde bekannt als «konditionierter Reflex». Dieser Begriff ist der Kernpunkt der behavioristischen Theorie. Wir entwickeln eine ähnliche Reihe konditionierter Reflexe im Geist, so dass jedesmal, wenn wir uns mit den Vorstellungen der Karte beschäftigen, gleichzeitig damit im Bewusstsein ein geistiges Bild dieser Karte erscheint.

Diese miteinander verknüpften Bilder können von der hellseherischen Kraft genutzt werden, um Information in das Wachbewusstsein zu geben. Lassen sie mich ein Beispiel nennen. Im Spiegel sieht man die Erscheinung einer Person, die, soweit zu beurteilen ist, ein normaler Bürger von gutem Charakter zu sein scheint, zumindest, wenn man sich auf seine Kleidung und seine äussere Erscheinung verlässt. *Hätte man nun in der empfohlenen Weise meditiert,* würde vielleicht über dem Kopf des Mannes das rote Viereck aufleuchten, das für uns mit der Bedeutung «Zusammenbruch» verbunden ist. Das nun ist das *intuitive* Hellsehen, das die innere Wahrnehmung von dem *Charakter* des Mannes mitteilt. Das Symbol-System ist also ein exzellentes Hilfsmittel, mit dem die innere Wahrnehmung entwickelt und trainiert werden kann. Über jedem Farbsymbol sollte man immer wieder nachsinnen. Man nehme sie paarweise, so wie sie im Diagramm einander gegenüber stehen – *Chokmah* am ersten Tag, *Binah* am nächsten, dann *Hod* und darauf *Ned* usw.

Es kann passieren, dass in dem Moment, wo das Farbsymbol über dem Kopf der Erscheinung auftaucht, das ganze Bild im Spiegel von der entsprechenden Farbe wie von einem Dunstschleier überzogen wird, dessen Dichte mit der Qualität der Erscheinung schwankt. Mit der Zeit wird das Bewusstsein mit den auftauchenden Symbolen genauso selbstverständlich arbeiten, wie wenn man das Morsealphabet gelernt hätte. Zu Beginn wird man noch bewusst mitzählen; wenn man die drei Schläge für den Buchstaben «S» hört; ist man aber geübter, nimmt man die Anzahl nicht mehr gesondert wahr, sondern produziert sofort die Vorstellung des Buchstabens «S».

Zu einem späteren Zeitpunkt interpretiert man die Codesignale unbewusst, und die Worte und Sätze tauchen im Bewusstsein gleichzeitig mit dem Ticken des Morseapparates auf. Genauso wird es einem mit allen Kabbalasymbolen ergehen. Mit wachsendem Können gelangt man an einen Punkt, an dem die Symbole, die durch beständige Meditation fest im Unbewussten eingebettet sind, nicht mehr bildlich erscheinen müssen. Ihre Information wird vielmehr in der gleichen Weise wie bei dem als Beispiel benutzten Morsealphabet in das Bewusstsein gelangen.

Selbstverständlich gibt es noch sehr viel mehr zu lernen;

die geschilderte Methode aber wird Sie ein gutes Stück in der Ausbildung vorwärts bringen und das Hellsehen viel zuverlässiger werden lassen. Man bedenke immer, dass objektiviertes Hellsehen, sei es im Spiegel oder im Raum, das hergibt, was man die «Form» nennen könnte, das intuitive Hellsehen dagegen zeigt die Eigenschaft dessen, was man sieht.

Die Entwicklung eines eigenen Systems

Selbstverständlich braucht man das von mir vorgeschlagene kabbalistische System nicht zu übernehmen. Ich habe dafür eine verständliche Vorliebe, weil es das System ist, mit dem ich gelernt habe. Es ist durchaus möglich, dass das innere Selbst sich sein eigenes Symbol-System ausarbeitet, das für Sie durchaus sehr effektiv sein kann. Man erschrecke also nicht und denke, dass die ganze Sache zu kompliziert sei. Die Methode, die ich aufgezeigt habe, wird von vielen Gruppen bei der Arbeit benutzt und hat ihre Wirksamkeit erwiesen. Es gibt aber in diesem Bereich viele Untiefen, in denen auch ohne Spezialtraining gute Arbeit getan werden kann; gleichermassen gibt es tiefe Gewässer, in denen nur trainierte und erprobte Seher zu schwimmen wagen sollten. Es kann gut sein, dass man den Mitmenschen besser helfen kann, wenn man im untiefen Wasser bleibt und nicht versucht, in zu grosser Tiefe zu arbeiten. Es gibt eine Vorstellung bei den Hindus, bekannt als *Adikara.* Das bedeutet «Kompetenz» und beinhaltet die Mahnung, dass wir darin die beste Arbeit leisten, *wofür wir von Natur aus geschaffen* sind.

Zugleich sollten wir auch immer bedenken, dass wir nicht an eine Ebene des Lebens gefesselt sind – wir können, sind wir dazu vorbereitet, auch tiefer gehen. In diesem Zusammenhang möchte ich noch anführen, dass im Katechismus der Kirche von England dem Kind Folgendes gelehrt wird: «. . . und meine Pflicht in dem Bereich des Lebens zu tun, *in den Gott mich beruft!*»

Setzt man die Arbeit mit der hellseherischen Fähigkeit in den Dienst Gottes und seiner Mitmenschen fort, kann es geschehen, dass das innere spirituelle Selbst uns in grössere Tiefen der hellsichtigen Wahrnehmung ruft und geleitet, so dass sich die Reichweite der Kräfte vertieft und ausweitet. Es können sich auch andere spirituelle Fähigkeiten spontan entwickeln. Z. B. die Hellhörigkeit, die sich auf die gleiche Weise wie das Hellsehen entwickeln kann und in späteren Stadien zur formlosen Gewissheit von Wissen werden kann, die manchmal auch «Stimme der Stille» genannt wird. Das ist eine Art der Kommunikation zwischen dem inneren spirituellen Selbst und der äusseren Persönlichkeit. Vielleicht zeigen sich auch andere Fähigkeiten, denn es geschieht häufig, dass bei dem gewohnheitsmässigen Gebrauch einer Kraft sich auch weitere Kräfte entwickeln.

Zum Abschluss möchte ich mich noch einmal einer Bemerkung zuwenden, die ich schon früher in diesem Buch gemacht habe. Ich wies darauf hin, dass es neben all den verschiedenen Gruppen, die die spirituellen Kräfte in Verbindung mit ihren eigenen philosophischen Systemen ausbilden und benutzen, auch Menschen gibt, die nicht in Organisationen, Gruppen oder in Orden oder Bruderschaften arbeiten. Sie bilden das, was man einen stillen Orden nennen könnte. Sie geben ihre Existenz nicht bekannt, obwohl sie in vielen Fällen mit und hinter den Gruppenleitern oder Mitgliedern arbeiten. Sie gehören diesen Gruppen jedoch nicht an, weil sie dem Gruppengeist nicht zugehören. Für die Mitgliedschaft im stillen Orden wird niemals geworben. Ist man an dem Punkt angelangt, an dem spirituelle und psychische Entwicklung es rechtfertigt, ist man selbstverständlich eingeladen, diese Verbindung zu teilen. Die Entscheidung liegt ganz bei einem selbst, es gibt keinerlei Zwang. Ob man sich also entscheidet, den stillen Weg weiterzugehen, die Kräfte weiter zu entwickeln und sie dafür zu benutzen, diejenigen, die in Not sind, zu unterstützen, oder ob man sich zu der einen oder anderen der esoterischen Gruppe hingezogen fühlt, die Entscheidung liegt ganz bei einem selbst.

Nachwort

In diesem kleinen Buch haben wir versucht, einen einfachen und möglichst klaren Überblick über die Ausbildung des Hellsehens zu geben, möchten den Leser aber bitten, nicht zu vergessen, dass es tatsächlich nur ein Überblick ist. So sind wir z. B. nicht näher auf die Symbolik und die Bedeutung der beim Hellsehen wahrgenommenen Farben eingegangen. Dies geschah, weil die gesamte Frage der Farbsymbolik noch ungeklärt ist; verschiedene Autoritäten geben unterschiedliche Interpretationen. Wir haben bei unserer eigenen Arbeit in diesem Bereich festgestellt, dass das innere Selbst eines jeden Sehers dazu neigt, den Farben und Symbolen, die er sieht, eine eigene Bedeutung zu geben. Deshalb ist es für den Leser sehr viel besser, in einem Prozess geduldigen Ausprobierens den symbolischen Code seines inneren Selbst herauszufinden, als zu versuchen, sich den Code einer anderen Person aufzuzwingen.

Wenn man mit dem Training anfängt, wird man wahrscheinlich mit anderen in Kontakt kommen, die sich für Hellsehen interessieren oder selbst solch ein Training versuchen. Eine Kameradschaft mit anderen, die denselben Weg zu gehen versuchen, kann sehr nützlich sein, vor allem dann, wenn einem ein enger menschlicher Kontakt wichtig ist. Viel hängt dabei vom eigenen Temperament ab. Trotzdem ist die enge Kameradschaft bei spirituellem Training sowohl von Vorteil als auch von Nachteil. Daher sollte man sehr sorgfältig erwägen, ob die Verbindung zu anderen, ob sie sich nun zu uns hingezogen fühlen oder umgekehrt, für das Training wirklich so notwendig und hilfreich ist.

Es mag Ihnen vielleicht so vorkommen, als würden wir

versuchen, Sie in ein kaltherziges, verschlossenes Wesen zu verwandeln, das nur auf eine eigene Entwicklung aus ist. Dem ist aber nicht so; beim spirituellen Training, vor allem in der ersten Zeit, gibt es nämlich viele, die weit davon entfernt sind, Sie in Ihren Bemühungen zu unterstützen; sie lenken Sie eher ab und verlangsamen Ihre Entwicklung. Im allgemeinen geschieht das nicht mit böser Absicht, mit ihrem ungeschickten Verhalten zerstören diese Menschen aber häufig die empfindlichen Bedingungen, die Sie zu Ihrer Entwicklung brauchen.

Im spirituellen Training müssen wir auch den Faktor der Telepathie beachten. Unbewusste Telepathie, die auf uns von anderen ausgeübt wird, ist durchaus möglich und kann uns in unserer Entwicklung behindern. Aus diesem Grund ist es nicht ratsam, viele Menschen von unseren Versuchen im Hellsehen wissen zu lassen. Einige werden vielleicht geringschätzig über unsere Bemühungen denken; diese kritische Ablehnung kann, wenn unsere Sensitivität zunimmt, sehr schnell von unserem Unbewussten aufgenommen werden; das würde eine unnötige Belastung bedeuten.

Es kann aber auch geschehen, dass man dazu eingeladen wird, an einer Gruppe teilzunehmen, deren Mitglieder ebenfalls am Hellsehen interessiert sind oder es bereits schulen. Auch hier sollte man sehr vorsichtig sein. Einige dieser Gruppen oder Kreise stehen nämlich mit religiösen Sekten in Kontakt oder arbeiten im Sinne der religiösen Sekten, die sich um die spirituellen Phänomene herum gebildet haben. Andere sind mit guten oder schlechten okkultistischen Bruderschaften verbunden, und wieder andere gründen auf dem Gebrauch oder Missbrauch psychedelischer Drogen. All diese Gruppen sind im allgemeinen darauf aus, neue Mitglieder zu werben. Arbeiten diese Neulinge selbst schon mit spirituellen Dingen, sind sie bei einigen Gruppen um so gesuchter.

Die Gruppenmitgliedschaft

Es gibt noch zwei weitere Punkte, die in Zusammenhang mit der Arbeit in einer Gruppe von Bedeutung sind. Sie sind vor allem für den von grösster Wichtigkeit, der Hellsehen entwickeln möchte. Als erstes ist zu betonen, dass die Mitgliedschaft bei einer Gruppe für einen sich entwickelnden Seher während seiner ersten Schritte ein guter Schutz sein kann; später kann sie ihn jedoch stark behindern. Er wird feststellen, dass, ist eine Hellsichtigkeit mehr oder weniger stabilisiert, er mit dem gemeinsamen Geist der Gruppe gleichgezogen hat. Dieser Gruppengeist schränkt den Horizont seiner Hellsichtigkeit sehr ein. In den Gruppen, wo die Leiter dies bemerken und Gegenmassnahmen ergreifen, ist alles in Ordnung. In vielen Gruppen aber zeigt sich, dass die Gruppenleiter die «Blinden sind, die Lahme führen». Es ist besser, alleine zu arbeiten, auch wenn man sich nach der Unterstützung und der Beteiligung in einer Gruppe sehnt, als ein Gefangener des Gruppengeistes zu werden, wie hoch dessen Ansprüche auch sein mögen.

Zweitens hat das Hellsehen, das in einer Gruppe ausgebildet wurde, in der Regel etwas von einer Treibhauspflanze. Obwohl sie unter Gruppenbedingungen sehr gut zu arbeiten vermag, ist dieses Hellsehen leicht zu stören oder weniger zuverlässig, wenn man allein arbeitet. Wir haben das oft beobachtet. Diese kritischen Bemerkungen treffen natürlich nicht auf gutgeführte und disziplinierte Gruppen zu. Diese Gruppen sind jedoch selten und schwer zu finden. Daher bleibt, allgemein gesehen, unsere Empfehlung gültig, nämlich zunächst eine gute Zeitlang unabhängig zu arbeiten, und zwar so lange, bis man merkt, dass man die neue Kraft nutzen kann, ohne dass sie in irgendeinem Ausmass von den Gedankenströmungen der Gruppe beeinflussbar ist.

In jedem Fall wird uns die Arbeit mit dem Hellsehen dazu bringen, uns mit dem gesamten Bereich (von dem Hellsehen ja nur ein Teil ist) zu beschäftigen, und das wird zu Kontakten mit vielen Organisationen führen, von denen wir bereits gesprochen haben. Doch sollten solche Kontakte in der ersten Zeit der Entwicklung vermieden werden. Ist unsere Kraft aber stabilisiert und haben wir einen Teil der Ausbildung des Hellsehens bewältigt, dann können wir damit beginnen, andere Aspekte zu studieren.

Die Kontrolle über die Kräfte

Sobald man anfängt, etwas von seinen hellseherischen Kräften zu zeigen, wird man von Menschen belagert werden, die einen bitten, seine Möglichkeiten für sie einzusetzen. Im ersten Aufleuchten erfolgreicher Entwicklung wird man vielleicht auf diesen Pfad geraten und sich darin erschöpfen, deren Appetit nach Wundern gerecht zu werden; denn das ist der eigentliche Grund ihrer Bitten. Man wird bald feststellen, dass die Fähigkeit unberechenbar zu werden beginnt und zuletzt ganz aufhört zu funktionieren. Dann wird man erleben, mit welcher Bereitwilligkeit und Leichtigkeit diejenigen, deren Sensationslust man diente, einen fallen lassen wie eine heisse Kartoffel und hinter einem anderen Seher herlaufen. Da wir dieses bei vielen Gelegenheiten beobachteten, sprechen wir die Warnung aus, es nicht zuzulassen, in solcher Weise ausgenutzt zu werden. Es ist schon ein grosser Erfolg, Hellsehen entwickelt zu haben. Der nächste Schritt muss aber sein, positive Kontrolle über die neue Kraft ausüben zu können. Es genügt aber nicht allein, dass die hellseherische Kraft nicht ohne bewusste Erlaubnis arbeitet (ausser in den aussergewöhnlichen Situationen, die wir schon erwähnt haben), sie sollte auch ohne jede Bedingung zur Verfügung stehen. Das heisst, man sollte sie positiv lenken können, selbst wenn man gerade auf einem betriebsamen Bahnhof steht, von Lärm und Geschäftigkeit umgeben. Solch «schlechte Bedingungen» sollten die Arbeit nicht beeinträchtigen.

Weitere Studien

Wie wir schon gesagt haben, wird man wahrscheinlich in das Studium des ganzen Gegenstandsbereiches gezogen. Hat man seine Kraft gefestigt, ist es ohne jede Gefahr, Kontakt zu verschiedenen Gruppen und Vereinigungen, die mit diesem Bereich verbunden sind, aufzunehmen. Man wird dabei feststellen, dass sie eine sehr gemischte Gesellschaft abgeben. Es finden sich solche mit religiös-philosophischer Tendenz, solche mit sektiererisch-religiösem Anstrich, christlich oder auch nicht, und wieder andere, die okkulten Philosophien jeder Art huldigen, von denen, wie wir schon sagten, einige besser in Ruhe gelassen werden sollten.

Daneben gibt es solche Gruppen, die sich mit spirituellen Dingen von der psychologischen und wissenschaftlichen Warte aus beschäftigen. Ihnen allen ist gemeinsam, dass sie sich gegenseitig verachten.

Die Literatur zu unserem Thema ist sehr weitläufig. Unter diesen Veröffentlichungen finden sich die Vereinszeitungen verschiedener Organisationen; und vielen weiteren wäre niemals die Ehre widerfahren, Buchform zu erreichen, hätten sie die Prüfung eines Verlegers über sich ergehen lassen müssen. Die letzte Bemerkung bedeutet jedoch nicht, dass *alles,* was privat zu diesem Thema veröffentlich wird, ohne Wert ist. Manchmal nämlich hat ein Buch, das kein gutverkäufliches Image aufweist und deshalb keinen durchschnittlichen Verleger, der ja auf den kommerziellen Aspekt achten muss, interessieren kann, einen so grossen inhaltlichen Wert, dass es durchaus wünschenswert erscheint, es zu veröffentlichen. In diesem Fall kann privates Verlegen von grossem Nutzen sein. Es ist sogar möglich, dass das Protokoll Ihrer hellseherischen Entwicklung es durchaus Wert ist, veröffentlicht zu werden.

Es wäre noch vieles zu sagen. Man wird aber feststellen, dass man, unter der Bedingung, dass ein wahres und vertrauenswürdiges Protokoll *aller* Sitzungen und *aller* erzielten Ergebnisse geführt wird, nach und nach in wachsendem

Ausmass in der Lage ist, weitere Aspekte seiner Kraft selbst zu verstehen. Man vergesse nicht: Erfolge wie auch Misserfolge müssen protokolliert werden. Sind wir ehrlich zu uns selbst, gibt uns unsere Kraft wahre Information. Verdrehen wir aber aus Sehnsucht, als unfehlbares Orakel zu gelten, das Wissen, das wir erhalten, und machen falsche Angaben über das, was wir wahrgenommen haben, wird sich unsere hellseherische Kraft verschlechtern und unzuverlässig werden. Wir sollten auch nochmals bedenken, dass wir eine grosse Verantwortung übernehmen, wenn wir diese Kräfte im Umgang mit unseren Mitmenschen nutzen. Beginnt man seinen Weg als Seher und setzt ihn fort mit der Gesinnung, wissen zu wollen, um dienen zu können, dann wird man erleben, dass man auf einen Weg anwachsender Möglichkeiten zu helfen und zu wachsender Zufriedenheit gelangt.

Mehr als das: Bei einigen von uns, die ihr inneres Sehen ausbildeten, wurden die ersten Eindrücke von einem mächtigen Willen erfasst, in dessen Dienst sie Freiheit und wahren Frieden fanden.

So kann es auch Ihnen gehen, wenn Sie diesen Weg der praktischen Ausbildung von Hellsichtigkeit zu gehen versuchen.

Notizen

Notizen

Notizen

Notizen